A VIDA SECRETA DOS padres gays

BRENDO SILVA

A VIDA SECRETA DOS
padres
gays

Sexualidade e poder no coração da Igreja

© 2025 - Brendo Silva
Direitos em língua portuguesa para o Brasil:
Matrix Editora
www.matrixeditora.com.br
❶/MatrixEditora | ❷/@matrixeditora | ❸/matrixeditora | ❹/matrixeditora

Diretor editorial
Paulo Tadeu

Capa, projeto gráfico e diagramação
Marcelo Córreia

Revisão técnica
Joaci Pereira Furtado, doutor em História Social pela USP

Revisão
Adriana Wrege
Josiane Tibursky

CIP-BRASIL - CATALOGAÇÃO NA PUBLICAÇÃO
SINDICATO NACIONAL DOS EDITORES DE LIVROS, RJ

Silva, Brendo
A vida secreta dos padres gays / Brendo Silva. - 1. ed. - São Paulo: Matrix, 2025.
216 p.; 23 cm.

ISBN 978-65-5616-554-7

1. Homossexualidade - Cristianismo. 2. Igreja Católica - Sexualidade. 3. Clero - Homossexualidade - Brasil. I. Título.

25-96566　　　　　　　　　　　　CDD: 261.835766
　　　　　　　　　　　　　　　　　CDU: 2-773:316.346.2

Gabriela Faray Ferreira Lopes - Bibliotecária - CRB-7/6643

Sumário

Apresentação 7

PARTE I - O chamado

1 - Terra de missão 11

2 - Os primeiros anos de seminário 16

3 - O segundo formador gay 21

4 - CRB 23

5 - Sobrevivendo na caverna 26

6 - Um corpo dividido 31

7 - Troca de favores 38

8 - O padre abusador 40

9 - O convento das loucuras 44

10 - A iniciação no mundo gay secular 53

11 - Os tradicionalistas 57

12 - Espaço vocacional 61

13 - IBP 65

14 - De volta ao Brasil, ao encontro do meu eu 70

PARTE II - A igreja gay

1 - *Introibo ad altare Dei* 75

2 - Entre panos e rendas 78

3 - O chamado à verdade 81

4 - Mistérios desvendados no armário do Vaticano 84

5 - Os dons gays a serviço da Igreja 86

6 - O sacerdócio como fuga **89**

7 - O empoderamento gay, a crise de vocações e uma "sociedade secreta" de padres homossexuais...**93**

8 - O amor que não ousa dizer seu nome..**101**

9 - A simbologia do sacramento da Ordem **104**

10 - Gays praticantes e gays não praticantes **107**

PARTE III - Quebrando o silêncio

1 - Pesca e pescadores **113**

2 - Vozes silenciadas..**117**

3 - Segredos no claustro **121**

4 - Entre a fé e o desejo...**127**

5 - "Minha brincadeira preferida era celebrar a missa" **131**

6 - Refugiado entre os capuchinhos **134**

7 - Um forasteiro **137**

8 - De excluídos a escolhidos **139**

9 - "95% dos meus companheiros de seminário eram homossexuais" **142**

10 - "A Igreja vai ter que se abrir. Querendo ou não, é um escândalo atrás do outro" **145**

11 - "Lá dentro, você descobre que está num mundo mais gay do que aqui fora"..**150**

12 - "Já que se faz escondido, melhor que seja liberado" **155**

13 - Padre tradicionalista e gay? **159**

14 - "Pode ser 'bichinha', pode ser o que for, mas é padre" **165**

15 - "Com o passar do tempo, fui vendo que não só é normal, como hoje ouso dizer, é uma regra" **175**

16 - "O melhor caminho seria a Igreja assumir que ela é hierarquicamente uma instituição homossexual" **180**

17 - "Hoje a realidade é que a grande maioria do episcopado é formada de gays" **184**

PARTE IV - Conclusões

1 - O que dizem a imprensa e os especialistas.....................................**193**

2 - Eu sou o caminho **201**

Referências bibliográficas **205**

Apresentação

E ste livro é fruto de um antigo anseio de revelar parte da minha vida, intimamente ligada ao catolicismo. É uma forma de fazer justiça à minha própria história, após um longo processo de autocompreensão, traumas, redescobertas e desafios. É também uma maneira de revelar a hipocrisia de uma instituição milenar que, ainda hoje, paradoxalmente, persegue grande parte de seus integrantes fundamentais: o clero e os religiosos. É preciso discutir sexualidade, é preciso discutir religião e, com certeza, a relação complexa e contraditória entre essas duas forças. Sexualidade é poder, religião também.

Diante disso, o livro objetiva iniciar o debate sobre a homossexualidade do clero no Brasil, sem que o texto seja enviesado pela própria Igreja. É um texto pioneiro na maior nação católica do mundo. É preciso que o tema seja discutido por toda a sociedade, pela academia, por jornalistas, psicólogos, sexólogos e pessoas interessadas. A Igreja Católica influencia nossa sociedade, e a sexualidade é um tema central em decisões político-ideológicas. É essencial pautar o óbvio, aquilo que *todo mundo sabe*, mas ninguém quer falar a respeito.

Para abrir a discussão, parto da minha própria experiência, com um longo relato autobiográfico em que alguns locais e nomes são omitidos para preservar a identidade de pessoas. Num segundo momento, faço um levantamento de estudos iniciados em outras partes do mundo em paralelo a relatos de alguns casos expostos na mídia. Por fim, trago diversas entrevistas de pessoas que vivenciam ou vivenciaram a dicotomia homossexualidade/ sacerdócio católico.

Utilizo no livro a sigla LGBT para me referir à comunidade LGBT+ como marcador de posição ideológica, pois não é consenso entre os ativistas que o acrônimo deva ser tão extenso e confuso. Há um debate teórico em ebulição. Sou adepto da simplificação, sem que isso implique a exclusão de alguns grupos, mas para que a comunicação seja facilitada. O intuito da militância é comunicar com sabedoria, para assim transformar. Como disse um grande ativista LGBT, ao criarmos muitas gavetas, estamos voltando para o armário, em vez de sair dele. Meu livro pretende tirar a Igreja do armário.

PARTE I

O chamado

"Antes mesmo de te modelar no ventre materno, eu te conheci;
antes que saísses do seio, eu te consagrei.
Eu te constituí profeta para as nações."
Jr 1,5

1

Terra de missão

A vida não costuma ter muitos atrativos para quem mora nos rincões do Brasil, mais precisamente no interior do Pará, na Amazônia. A Igreja Católica ainda é a instituição a ocupar o espaço central da vida cultural e social de muitas e isoladas cidadezinhas daquele enorme estado. As festividades e a praça da matriz são, muitas vezes, as únicas opções de lazer da população. A igreja na pracinha é o grande atrativo: tudo se movimenta em torno dela. A influência do catolicismo em lugares assim, portanto, não é um acaso. A instituição encara regiões afastadas, longínquas como o interior da Amazônia, como "terras de missão". Sabe aquele papo do colonizador? Ele persiste, sobrevive ao tempo com novas roupagens. Para os missionários, deve ser muito ruim alguém passar por este mundo sem pertencer à mesma religião que eles.

Apesar de ter sido batizado recém-nascido, minha família não era católica praticante. Meus familiares eram "católicos de IBGE", como a maioria dos que vivem neste país. Ao final da década de 1990, por volta dos sete anos, tive meu primeiro contato mais consistente com o catolicismo. Era o tempo das chamadas "Santas Missões Populares" na pequena Capanema, município a 160 km da capital paraense, Belém. Aquela criança de família extremamente pobre teve a sorte de morar numa rua em que boa parte das vizinhas era beatíssima, catoliquíssima e, obviamente, praticante até demais. Participavam de tudo: novenas, missas, rosários, procissões, círios, visitas a doentes, velórios e missões. O garotinho passou a acompanhar o ritmo daquelas tão admiráveis senhoras. Aquilo se tornou hábito. De manhã, escola, à tarde, brincar, e à noite, rezar: o *ora et labora* de são Bento desde cedo. Nas Missões Populares, passei a participar mais ativamente do cotidiano da igreja, carregando a cruz preta sem o Cristo e com um pano branco nela entrelaçado. Na minha cabeça de criança, era o maior barato! Guardo bem essa lembrança. Passei a encarar aquilo como uma brincadeira divertida. Andar por aquelas ruas esburacadas e escuras, somente à luz de dezenas de velas de fiéis fervorosos, era surreal, mágico. Era o atrativo que faltava àquela minha vida triste de menino pobre e órfão.

Sou filho adotivo, e com apenas quatro anos fiquei órfão de pai novamente, após o falecimento de meu pai adotivo. Minha mãe, uma senhora humilde e analfabeta, terminou de me criar com muita dificuldade, dadas as circunstâncias sociais trágicas de grande parte do Norte do Brasil. Dos seus seis filhos, eu era o mais novo e o único não biológico.

Esse era meu contexto familiar quando passei a ir à catequese, aos nove anos. Um ano depois fiz a Primeira Eucaristia — ou primeira comunhão, como se dizia antigamente. Nesse período, ia à missa todos os dias, sozinho. O fervor das vizinhas devotas não foi capaz de acompanhar o meu: tornei--me muito mais assíduo que elas nos compromissos paroquiais. A missa era toda tarde, às 17 horas, e uma hora antes lá estava eu, no primeiro banco. Agora eu era o beato, como repetiam em tom de deboche alguns familiares e conhecidos. Questionavam a necessidade de tanta missa, de tanta reza. Esse costume passou a chamar a atenção também das pessoas que trabalhavam na paróquia e que participavam da vida paroquial. Lembro-me de comentários de admiração, inclusive de um dos padres e da bem-humorada sacristã. A Paróquia Nossa Senhora do Perpétuo Socorro era cuidada pelos frades capuchinhos (um ramo bastante antigo do franciscanismo), muitos deles italianos e com aquelas barbas gigantes. Nessa época, havia rumores de que o pároco era gay e que mantinha um caso com um homem. Bom, disso não tenho certeza, mas sobre seus funcionários, sim: secretário paroquial, porteiro, bibliotecários e coordenador de formações, alguns eram gays e outros bissexuais. O povo fingia não se importar, pois, apesar de supostamente não viver o voto de castidade, o pároco era um ótimo administrador, muito amado pela maioria.

Lembro-me de, no meu aniversário de onze ou doze anos, ser chamado à frente do público, na igreja, para cantarem os parabéns, já que meu nome constava da lista onde os aniversariantes inscreviam suas datas. O vigário Ângelo surpreendeu-se e disse: "Ah, é você?". Foi então que o padre, acostumado a me encontrar todos os dias no mesmo lugar e no mesmo horário, descobriu meu nome. Logo fui convidado pela sacristã a entrar no grupo de coroinhas, o que aceitei de imediato e com alegria, pois queria participar. Ela me chamara antes, mas eu não podia ingressar sem ter feito a Primeira Comunhão. Essa alegre senhora passou a ser minha madrinha, presenteando-me com a primeira túnica (veste usada pelos coroinhas nas celebrações). Como era a única sacristã da paróquia, ela acabava trabalhando demais. Eram duas missas todos os dias, de segunda a sábado, sendo a primeira para poucos fiéis, às seis da manhã. Aos domingos, eram cinco missas, trabalho demasiado para uma pessoa. Com isso, passei a ajudá-la voluntariamente. Foi a fase em que mais aprendi a cuidar de uma igreja: abria e fechava a matriz, tocava os sinos, ajudava a limpar, arrumava, enfeitava o templo, recolhia ofertas, servia como coroinha diariamente etc. Era, de longe, o coroinha mais atuante da paróquia. Isso me trouxe dores e alegrias.

Tive a sorte de ganhar a admiração e a amizade do coordenador dos coroinhas, que sempre me defendia de um grupo de três garotos mais velhos que pareciam se incomodar com minha intensa atuação e meu jeito afeminado. Minha madrinha também atuava em minha defesa diante da constante perseguição, fruto de inveja juvenil, rixas de pré-adolescentes, pois os novos coroinhas que chegavam eram encaminhados pelo chefe para que eu os ensinasse. Isso causava a ira e os ciúmes de muitos. Certa vez, quando houve a visita das irmãs paulinas, freiras de uma congregação religiosa muito influente na Igreja, por seus trabalhos com comunicação, uma das religiosas passou a me incentivar e até mesmo a me defender de muitas das ofensas que os outros garotos me dirigiam.

Sempre me entendi gay. Sempre fui gay. Ser gay sempre fez parte da minha essência, da minha identidade. Crianças gays existem, ninguém opta por nada. Ser exclusivamente homossexual faz parte de minha natureza. Ninguém me impôs nada. O que tentaram me impor, desde muito cedo, foi uma conformação à heterossexualidade ou o desempenho de papéis de gênero tidos como masculinos. Tragicamente, no grupo de coroinhas, eu sofria esse tipo de homofobia por parte de outros gays, presumivelmente por conta de todo o meu esforço em sempre querer servir no que pudesse. Eu recusava o lugar social destinado aos gays. O fracasso não seria meu fim. Queria uma vida digna. Esses coroinhas que me atacavam — a história confirmou — eram todos homossexuais em fuga. Sim, em fuga de si mesmos. Muito provavelmente eu era o reflexo daquilo que eles não tinham ainda a disposição ou a coragem de ser.

Porém, nem tudo foi negativo no grupo de coroinhas. Com alguns, nutri intensas amizades. Lembro-me de um que amava Lady Gaga, e, nas tardes chuvosas do inverno paraense, ficávamos em sua casa enquanto ele fazia a coreografia das canções da diva pop. Outros colegas eu beijei, com outros transei na adolescência, durante a fase de descobertas, e alguns daqueles coroinhas gays com os quais "fiquei" hoje são padres. Padres gays. Uma criança coroinha deixa de ser coroinha e pode se tornar padre — mas um gay jamais deixará de ser gay.

Minha vida de coroinha, apesar de todos os pesares, seguia. Aos treze anos, recebi a visita de minha prima e seu marido, que moravam na região metropolitana de Belém. Essa visita mudou radicalmente minha vida e para sempre. O casal era atuante na comunidade de que faziam parte, a Paróquia Cristo Rei, em Ananindeua, uma grande cidade colada a Belém. Por conta de sua atuação, tinham amizade com os padres que cuidavam dessa comunidade eclesial. O esposo de minha prima era organizador de shows de cantores católicos no estado e tinha certa influência no meio católico. Naquela oportunidade, ele conversou bastante comigo e com minha mãe e ficou admirado com minha atuação na paróquia de Capanema. Logo entrou em contato com o pároco de Cristo Rei, seu amigo, e no outro dia me levou para conhecer o seminário, os padres e os seminaristas da congregação orionita e clérigos (religiosos de votos simples), originária do norte da Itália. O apelido procede do nome do fundador, Luigi Orione (1872–1940), padre italiano canonizado em 2004 por suas obras de caridade ao redor do mundo. Assim, em plena adolescência, logo na primeira oportunidade, fiquei quase um mês no seminário[1], no que chamavam de "experiência vocacional". Depois daquele período, voltei

---

1 Quando tinha nove ou dez anos, escrevi uma carta aos missionários redentoristas de Belém com a intenção de conhecê-los, mas eles nunca responderam. Por morar numa paróquia onde a padroeira era Nossa Senhora do Perpétuo Socorro, o livro de novenas possuía uma breve introdução e explicação da devoção. Nesse pequeno texto, falava-se dos redentoristas, e eu tive a curiosidade de conhecê-los. Decidi escrever uma carta e enviar ao endereço que estava disponível no livro como sendo do Serviço de Animação Vocacional (SAV). Meu sonho inicial era ser missionário redentorista.

para o interior, encantado. Narrei tudo para os meus amigos coroinhas e, após alguns meses, retornei para um retiro vocacional, mas não voltei só: carreguei outros cinco colegas comigo. Foi uma verdadeira revolta na paróquia do interior, pois os padres pertenciam a congregações diferentes, e, por incrível que pareça, há muito ciúme entre esses homens de Deus. Também naquela época, assim como hoje, faltavam vocações, e ninguém — quer dizer, nenhuma congregação — queria sair perdendo: cada grupo queria lotar a sua ordem religiosa com novos seminaristas. Uma vocação a menos significava uma possibilidade a menos de um novo padre, de novas paróquias, de novas missões. Então passei a ser malvisto na paróquia onde cresci, pois estava levando os adolescentes para longe. Era um influenciador vocacional, mas que levava as ovelhas para outro rebanho.

Após um ano de acompanhamento, no final dos meus catorze anos, e ainda concluindo o oitavo ano, fui convidado a ingressar no Seminário São Luís Orione, na região metropolitana de Belém, como aspirante (grau inicial de formação seminarística, hoje quase extinta). Minha mãe, que a princípio não queria que eu fosse, teve que assinar um documento autorizando minha saída, me entregando para a Igreja, mais especificamente para a Congregação da Pequena Obra da Divina Providência (PODP), cujos membros são conhecidos como "padres orionitas".

2

Os primeiros anos de seminário

Já nos primeiros meses de seminário, eu soube que a maioria dos membros do clero católico é gay. Na minha turma de primeiro ano, éramos doze seminaristas, assim como eram doze os apóstolos. Os padres brincavam com essa analogia. Entre meus onze colegas, eu mantinha contato sexual com cinco, dos quais alguns talvez fossem bissexuais. Dos outros seis, ao menos três eram gays ou bissexuais, e, dos últimos três, eu nunca soube de nada. Morávamos com três padres e um seminarista formador, que estava em estágio mais avançado de estudos. Um dos padres responsáveis pelos seminaristas era claramente gay. Seu modo de se expressar e sua compaixão diante de situações, digamos, delicadas dentro do ambiente do seminário tornavam isso evidente. Lembro-me de uma vez em que estava no meu quarto com um amigo vocacionado muito próximo, rolando no chão e brincando de luta, enquanto tocávamos os genitais um do outro. Nesse momento, ele abriu a porta repentinamente e não reagiu. O fato de ignorar a cena e não abordar o assunto, aliado a várias outras situações, como conversas de "atendimento espiritual" nas quais ele tratava a homossexualidade como algo natural (felizmente), deixava clara sua posição favorável. Sua maneira de se expressar era afeminada, o que é frequentemente estereotipado, mas que, na verdade, é apenas um aspecto biopsicossocial presente em muitos homens gays. É importante frisar que não há problema algum em ser afeminado; o problema está no machismo que associa negatividade a tudo o que é relacionado ao feminino.

O que contarei nas próximas páginas aconteceu nos anos de 2007 a 2009, ainda no Pará. É importante definir datas e locais, pois nos anos posteriores morei em diversos estados e no Distrito Federal. Mudavam os estados, passavam-se os anos, mas o que existia em comum era a pulsante vida gay no seio da Santa Madre Igreja.

Em nossa turma de "doze apóstolos" era tão viva a subcultura gay, mantida dentro da instituição e apontada por diversos autores que li mais tarde, que um dos seminaristas, em tom de piada, cunhou um termo. Segundo ele, não deveríamos mais chamar de seminário a nossa casa de formação, mas de "gayminário". A constatação não era exclusiva dele nem tão recente. Como diz o jornalista norte-americano e editor do site CruxNews.com, Michael Rose, "A impressão dada em algumas casas religiosas é de que elas são 'casas gays', ou seja, compostas ou por uma totalidade ou por uma expressiva maioria de padres e irmãos homossexuais" (ROSE, 2015, p. 99). O historiador Kenneth Serbin também aborda a temática, ao falar da hierarquia católica no Brasil:

> Uma cultura gay tornou-se cada vez mais evidente na Igreja brasileira nos anos 1990, o que instigou a relutante instituição a lidar com a sexualidade dos padres e seus desdobramentos. Uma explosão de AIDS lançou luz sobre a vida dos clérigos homossexuais e sobre a contínua luta da Igreja para moldar a moral sexual moderna. Uma notícia de jornal, por exemplo, revelou que um grupo de padres e seminaristas frequentava assiduamente saunas gays em São Paulo. Um desses homens tornou-se soropositivo e foi forçado a deixar sua ordem religiosa. Entre 1987 e 1993, 27 padres morreram da doença em São Paulo. Esse número representava 2% do clero da cidade. No entanto, em grande medida a AIDS na Igreja tem permanecido um segredo no Brasil. De fato, a Igreja tem se oposto com grande veemência aos programas governamentais de prevenção à AIDS. Sua influência, porém, tem sido mínima, em parte porque existe uma disputa interna quanto à correta resposta para a crise. As reações têm variado entre alertas aterradores e compreensão tolerante. Dom Eugênio Sales afirmou que a AIDS é um aviso

divino. Dom Paulo Evaristo Arns fundou o primeiro centro para pacientes terminais de AIDS, apoiou a educação sobre a doença e demonstrou flexibilidade teológica a respeito do uso de preservativos para prevenir o contágio. "Cristo não quer pessoas com HIV", declarou dom Paulo durante a assembleia anual da CNBB em 2000 (SERBIN, 2008, p. 308).

Quando estava no processo de ida para o Instituto Bom Pastor (IBP), com seminário sediado na França, na lista de documentos constava o exame sorológico como um dos itens obrigatórios. Todos esses dados encontrados, somados às experiências contadas, apontam que os problemas de saúde relacionados à sexualidade são uma realidade global dentro da Igreja Católica, mas tratados no mais rigoroso sigilo.

Enfim, "gayminário" colou. O próprio rapaz que criou esse termo — e que adorava debochar dos seminaristas mais afeminados — era um dos que visitavam constantemente meu quarto nas noites quentes do Pará. Aliás, nos três anos em que morei no seminário naquela primeira etapa, foi exatamente com ele que tive mais contato sexual. De certo modo, nos tornamos amigos, ainda que eu não me sentisse bem diante da postura homofóbica que ele exteriorizava. Lembro-me de algumas situações em que, na presença de outras pessoas, ele me maltratava. Eu me afastava e ficava mal, mas depois ele se desculpava e a vida seguia. Não havia muita escolha. Estávamos juntos em todas as atividades, morávamos na mesma casa, éramos "irmãos", confrades de congregação. Atualmente temos contato apenas esporádico. Daqueles doze, somente dois persistiram até o final, um deles gay, com quem tive um tórrido *affair*. Vale dizer que o índice de permanência nos seminários é muito baixo. A grande maioria desiste — e muitos dos motivos ficarão claros ao longo deste livro.

A rotina de um seminário é detalhadamente cronometrada. Há horário para tudo. Desperta-se muito cedo, geralmente às cinco da madrugada. O primeiro ato do dia é a oração, feita a partir de um livro chamado breviário, ou *Liturgia das horas*, cheio de salmos e outras passagens bíblicas e textos dos chamados Padres da Igreja. No seminário menor (nome dado para seminários em que os estudantes ainda não estão na faculdade ou estão em etapas iniciais da formação), íamos para uma escola de caráter confessional, na parte da manhã, almoçávamos após breve oração de Hora Média (uma das orações tradicionais rezada por religiosos, religiosas, padres e outros do livro *Liturgia das horas* como parte da rotina da vida religiosa e sacerdotal) e, na parte da tarde, trabalhávamos duro. De tardezinha tínhamos formação, terço, outras orações, jantar e, no início da noite, participávamos da missa. Após a celebração, algumas horas de lazer e mais orações. Por volta das 21h as luzes se apagavam, o silêncio imperava e a vida noturna gay pulsava, em todos os sentidos que essas palavras evocam.

Um dos seminaristas foi expulso logo nos primeiros meses de 2007, por ser "gay demais". Apesar de minha amizade com ele, não fui punido com a expulsão. Passei a entender que a Igreja tolerava quem fosse gay, mas dentro dos muros da instituição. Aquele meu amigo, porém, parecia muito além dos limites da discrição que a Igreja exigia: era tido como muito "afeminado" e "escandaloso". Isto é, não obedecia aos códigos não escritos da vida gay acobertada pela instituição. A Igreja não tolera escândalos. Essa palavra é tão usada no contexto seminarístico que há certa fetichização dela. Tudo gira em torno de não escandalizar, de não manchar a suposta face imaculada da Igreja. Na prática, funciona boa parte das vezes assim: tudo bem ser gay, desde que faça as coisas certinho, ou seja, tudo no sigilo. Há também tolerância para com gays e bissexuais que conseguem, de fato, viver o voto de castidade. A verdade é que, nos sete anos em que vivi no seminário, conheci poucos que cumpriam esse voto. Existem, mas são poucos. Porém, viver ou não um voto não impede ninguém de ser gay. É mais complexo que isso. Não existe cura gay, ex-gay ou qualquer aberração do gênero. Ser homossexual, bissexual ou heterossexual é para sempre. No clero católico e nas instituições que formam futuros padres, porém, o que existe é o silenciamento quanto à diversidade ou à orientação sexual que escapa à norma, com pessoas fugindo de si mesmas durante toda a sua existência.

Creio piamente, até por testemunhar isso, que existam seminaristas e padres gays extremamente rigorosos consigo mesmos, que fazem sacrifícios absurdos para negar sua própria sexualidade. Fui assim durante algum tempo, mas não me sentia feliz. Vi colegas que passaram pelo meu caminho, nos longos anos de formação, que carregavam o peso da negação de si mesmos. Muitos se abriam, partilhavam suas dores da não aceitação, da homofobia internalizada, do auto-ódio tão propagado pela Igreja. A instituição obriga seu clero gay a uma verdadeira automutilação, a uma vida de aparências, de gueto. A marginalização desses homens não deve ser vista como um ato heroico de entrega ou abnegação, mas como aquilo que de fato é: violência sistemática, que vigia e pune corpos e mentes, dociliza-os em função de aparências e ideologias. É interessante notar que a própria expressão "ideologia de gênero", guarda-chuva usado corriqueiramente para designar tudo que está relacionado ao universo LGBT, foi cunhada pela própria Igreja Católica, entre meados da década de 1990 e início dos anos 2000 — não por acaso, por um de seus órgãos mais conservadores, o Conselho Pontifício para a Família, da Congregação para a Doutrina da Fé, antiga Santa Inquisição[2]. Realmente acredito numa ideologia de gênero, mas numa ideologia de gênero cristã machista e homofóbica.

---

2 Disponível em: *https://g1.globo.com/sp/sao-paulo/noticia/2019/09/03/saiba-como-o-termo-ideologia-de-genero-surgiu-e-e-debatido.ghtml.*

3

O segundo formador gay

Durante o terceiro ano naquele pobre e austero seminário paraense, recebemos um novo formador, um seminarista mais velho que auxiliaria o padre que nos acompanhava mais de perto. Passamos a ter, então, dois formadores gays. O novo auxiliar, ferrenho defensor do conservadorismo carismático católico, sempre me chamava para conversas de "orientação" em sua sala. Embora inicialmente o tema das conversas fosse minha vocação, o conteúdo logo se desviava para questões relacionadas à sexualidade, com ênfase no comportamento sexual. Ele fazia perguntas sobre masturbação, desejos e atração por outras pessoas, buscando explorar aspectos íntimos da minha vida. Apesar de se disfarçarem de conselhos espirituais, tais conversas indicavam clara tentativa de criar um ambiente favorável às suas investidas. Essas conversas evoluíram para pedidos de visitas a seu quarto para eu pegar livros, mas que na verdade ele usava para se insinuar, passando a mão em seus genitais para chamar a atenção. Por fim, passamos o resto do ano mantendo relações sexuais, em total discrição. Era esquisito, pois o jeito como ele me olhava, mesmo na intimidade, era com desprezo. Parecia que fazia sexo com raiva. Lembro que, diante dos outros membros da comunidade religiosa, ele mantinha certa distância de mim, obviamente para que não desconfiassem de seu comportamento fora da moralidade cristã oficial.

Como em qualquer instituição ou empresa, no seminário há panelinhas, grupos fechados, ou melhor, como diz o francês Frédéric Martel em seu livro *No armário do Vaticano*, há "facções gays". São isso mesmo, facções. Há grupos que brigam entre si, e não há muita solidariedade entre esses homossexuais. É guerra! É um constante "diz que me disse", um ambiente de intrigas e fofocas relacionadas à sexualidade. Muitas vezes, espalhavam boatos relacionados à sexualidade de alguém, mas sempre como forma de "denunciar" a homossexualidade do colega. Quando acontecia de algum seminarista beijar uma garota da paróquia, era motivo de piadas positivas e louváveis. Alguns desses que beijavam garotas de vez em quando — inclusive eu fiz isso algumas vezes, por pressão de outros seminaristas — ficavam também com homens. A questão é que a fofoca era diferenciada em se tratando do gênero com o qual a pessoa se relacionava. Mesmo num ambiente em que a maioria era gay, o fato de sê-lo era motivo de vergonha e de negatividade. A homofobia estrutural faz com que os gays odeiem uns aos outros. Gays são educados desde sempre a considerar que sua orientação é inadequada. Com o tempo, criam defesas, agem muitas vezes contra o próprio grupo, pois foram educados a odiar sua sexualidade. Esse formador novo, por exemplo, não era da minha panelinha, mas da dos enrustidos homofóbicos. Apesar de se valer de seu poder para manter relações sexuais comigo, que era mais novo e inferior a ele na hierarquia, ostentava pose de santo e casto. Aliás, lembro-me bem de seu discurso bastante puritano sobre todas as questões morais. Era desbragadamente homofóbico. Com ele e outros tantos, logo aprendi algo quase infalível: quanto mais moralista, mais se tem a esconder.

4
CRB

A Conferência dos Religiosos do Brasil (CRB) promovia vários encontros anuais, os chamados Aspirinter, Postulinter, Novinter, Juninter etc. Eram retiros — isto é, períodos de recolhimento espiritual coletivos — temáticos organizados por fases de formação. Para quem não é do meio católico, principalmente o clero, é um pouco difícil compreender algumas nomenclaturas, mas tentarei explicá-las sempre que necessário.

Primeiro, é importante entender que existem basicamente dois tipos de padres: os seculares (diocesanos) e os regulares (religiosos). Os diocesanos estão vinculados a uma diocese e, em geral, trabalham em uma paróquia. Além disso, a formação se dá em menos tempo que a dos religiosos, eles não professam votos solenes, têm mais independência, muitos moram sozinhos e estão diretamente vinculados a seu bispo diocesano. Com raras exceções, esses padres nunca trabalham fora da jurisdição de sua diocese. Já os padres religiosos, as freiras e os irmãos (que professam votos, mas não são padres) pertencem a alguma ordem religiosa, congregação, instituto etc. Os anos de formação costumam obedecer a esta sequência: aspirantado, postulantado, noviciado, juniorato (ou tirocínio) e graduação em filosofia e teologia para os rapazes que serão posteriormente ordenados diáconos transitórios e, depois, padres. Os nomes das fases de formação podem variar conforme os estatutos dos grupos. Em média, a formação de um presbítero religioso leva de dez a treze anos, com variações a depender do instituto. No meu caso, duraria treze anos, se permanecesse até o final, pois entrei muito jovem.

Os religiosos vivem em comunidades e têm mais posições de hierarquia até chegar aos graus mais elevados, como o provincial (chefe regional) e, por último, o ministro geral (superior mundial). Professam votos solenes dos quais três são comuns para todos e todas: pobreza, castidade e obediência. Os trabalhos dessas ordens, institutos e congregações são dos mais variados e dependem do carisma de cada associação. "Carisma", aqui, tem um significado romântico para a Igreja, pois acredita-se que o Espírito Santo concede esse dom para um(a) fundador(a) ou grupo de fundadores para o trabalho em prol do reino. Reino de Deus, claro. Os trabalhos se traduzem em obras sociais como orfanatos, educandários, creches, escolas, hospitais públicos, cotolengos (casas de acolhida para pessoas com deficiência), universidades católicas etc. Há as religiosas e os religiosos de clausura, outros(as) em missão e outros(as), ainda, em trabalhos bastante específicos. Muitos grupos de ordens religiosas trabalham no setor privado, geralmente instituições de muito prestígio social e qualidade — como é o caso de inúmeras escolas católicas. O trabalho diverso e grandioso dos religiosos e religiosas dessas ordens e congregações, quando bem feito, é um dos aspectos positivos da Igreja Católica que não há como negar. Mas é bom lembrar que a Igreja teve solo fértil para semear essa obra e colher seus frutos, pois dispôs de influência e vantagens político-econômicas ao longo da história, desde os tempos de Constantino, o imperador romano, até os dias de hoje, com seu império econômico-político-cultural, ainda que em crise (de vocações e fiéis).

A CRB, então, fazia o elo entre os carismas das ordens e congregações em seus encontros. Os retiros, que eram realizados no sítio das irmãs preciosinas, em Ananindeua, duravam cerca de três dias e eram marcados por muitas palestras, danças regionais, dinâmicas e, o mais importante, muitas trocas de experiências singulares. Era divertido, quebrava a rotina. Reuniam-se mais de vinte congregações. Lembro-me de algumas: xaverianos, lassalistas, franciscanas de São José, paulinas, barnabitas, jesuítas, lazaristas, preciosinas, padres do Preciosíssimo Sangue, entre outras. Quase todos esses agrupamentos eram de origem europeia, mas foram para o Pará em missão *ad gentes*, ou seja, para evangelização de "povos longínquos". No retiro, portanto, juntava-se muita gente, e, conhecendo os membros dessas outras congregações, percebi que em todas havia muitos gays e lésbicas (no caso das congregações femininas). Os retiros chegavam até a formar casais novos, amigos novos, "ficantes". Com um desses rapazes de outra congregação fiz uma amizade que durou anos, com direito a sexo virtual via Skype. Recentemente, vi no jornal que ele se tornou um padre de grande prestígio no Pará, ocupando cargo importantíssimo em sua congregação.

Os encontros da CRB me trouxeram uma imagem mais completa da Igreja. Com eles tive a oportunidade de perceber que estaria sempre cercado de LGBTs, não só na minha congregação, mas em todas elas.

5

Sobrevivendo na caverna

Os três anos de seminário menor serviram para eu reformular boa parte da visão infantil e ingênua que tinha. Perdi parte do encanto, vi que por trás dos muros dos conventos e seminários a vida era bem diferente daquela difundida nos púlpitos. Entre os discursos e a realidade havia um abismo imenso. Foi decepcionante, mas o desengano estava apenas começando. Não digo isso em relação ao fato de estar cercado de gays com vida sexual ativa, mas ao fato de venderem uma imagem falsa à sociedade e atacarem os que tinham uma vida mais liberta. Bom, como tinha o sonho de ser padre desde a infância, decidi continuar tentando me encaixar na dualidade do sacerdócio, em seus mundos contraditórios, suas faces ambíguas. Na Igreja, a hipocrisia é rainha absoluta. Eu tinha que me encaixar ou seria colocado para fora, de uma forma ou de outra.

Após os três primeiros e intensos anos em Ananindeua (aspirantado e postulantado), fui aprovado para uma nova etapa: o noviciado. Nem todos os que estiveram comigo nessa fase inicial perseveraram. Nesse período, seminaristas da congregação de vários estados moravam durante um ano inteiro no Lago Sul, bairro de elite em Brasília. Com dezoito anos recém-completados, fui para longe de meu estado de origem, com muito aperto no coração. Sou apaixonado pelo Pará, por sua cultura e beleza, e sair de lá pela primeira vez foi um momento muito marcante. Mas, pelo ideal sacerdotal, fiz como os apóstolos: deixei as redes e segui Jesus (Mt 4, 19-20). Apesar de tudo, ainda acreditava nesse ideal romantizado e supostamente desapegado da religião católica.

No noviciado, éramos cerca de vinte seminaristas, todos muito diferentes uns dos outros, com origens, idades e jeitos distintos. Mas, mais uma vez, havia um fator comum: éramos prevalentemente homossexuais. Novas facções gays se articularam, novas amizades, novos amores. O noviciado é diferente da etapa anterior, pois temos mais responsabilidades, passamos a ter mais compromissos importantes e a formação é mais rígida. Além dos seminaristas, morávamos com cerca de oito padres, entre os quais alguns estrangeiros.

Após meses, eu me vi envolvido em uma relação amorosa muito intensa com um dos seminaristas. Foi quase um namoro, com todas as suas fases. Não era simples viver essa contradição entre fé e vivência, e as crises ao longo do percurso eram comuns. Os quartos em Brasília eram individuais, e as visitas dos colegas eram corriqueiras, principalmente após o horário em que o sino indicava ser o momento para descanso. Apesar de tudo, "denúncias" da homossexualidade dos irmãos, em tom de fofoca, eram rotina. Funcionava assim: se fulano queria ficar com sicrano e este último recusasse, fulano passaria a difamá-lo em seu grupinho. Em casos mais extremos, os formadores precisavam baixar o fogo, pedindo aos seminaristas que voltassem para casa por um tempo ou pedindo aos casais que diminuíssem o contato. Um desses formadores, um padre jovem e muito atraente, passou a se aproximar de mim, inclusive oferecendo presentes, como roupas e livros. Ele era bastante carinhoso, gostava de abraços calorosos e sorrisos e olhares demorados. Criamos certa amizade, mas sem nenhum contato sexual. Esse clérigo ocupava posição de destaque na Igreja do Brasil. Anos depois, quando eu já estava em outro seminário, ele passou a solicitar chamadas pelo Skype para sexo virtual. Penso que, no período em que moramos juntos, ele ainda não tinha confiança suficiente para tentar algum tipo de envolvimento. Não sei dizer se ele se relacionava com outros seminaristas, mas era uma figura bastante respeitada por sua inteligência e por seu carisma.

Os noviços afeminados eram continuamente orientados por formadores a manter uma postura mais discreta, sempre fugindo do escândalo. Quem passa pelo seminário sem conseguir expressar o mínimo de masculinidade exigida encontrará muitas dificuldades pelo trajeto. Recordo de um seminarista que tinha o tom de voz mais agudo e foi encaminhado para acompanhamento fonoaudiológico. O jovem em questão era muito contido e tímido. Naquele ano, 2010, houve apenas uma fofoca a seu respeito, a de que ele namorava outro seminarista do mesmo estado de origem, mas que não deu em nada além dos deboches por causa de sua aparência, considerada nada sexy pelos rapazes. Outro exemplo era o de que tivemos aulas de etiqueta com várias técnicas comportamentais, numa tentativa clara de nos fazer parecer menos gays. Os exemplos sempre giravam em torno de expressar o que era entendido como o gestual tipicamente masculino.

O noviciado recebia a visita de muitos padres de todas as partes do Brasil. No mesmo espaço funcionava a sede provincial da congregação. Na época em que morei lá, conheci e fiz amizade com muitos padres gays. Passei a ter casos com alguns e, após minha saída dos orionitas, visitei a família de um deles enquanto viajava de férias. Era relativamente simples ser seduzido por um desses sacerdotes.

A sedução dentro do seminário envolvia jogos sutis de poder, proximidade emocional (estava longe de meus parentes e familiares) e grande admiração intelectual por aqueles homens. Em geral, começava com conversas profundas e aparentemente inocentes sobre vocação, espiritualidade e dilemas pessoais, criando-se um vínculo de confiança e intimidade. Essa sedução ganhava força nos momentos privados, quando era chamado para acompanhá-los em missas ou visitas a famílias ou quando me perguntavam se eu precisava conversar sobre minha vocação. Havia muitos toques sutis e olhares prolongados que sugeriam certa conexão. Visto que o seminário era um lugar fechado e isolado, repleto de homens com suas necessidades humanas, ficava mais fácil intensificar esses laços, criando uma atmosfera de segredo e exclusividade. Confesso que isso me gerava sentimentos um tanto confusos: desejo, admiração, culpa e medo, principalmente porque envolvia tantas pessoas que simbolizavam autoridade moral religiosa e até mesmo paternidade. O principal modo de aproximação de que esses padres atenciosos se utilizavam sempre girava em torno de assuntos de interesse comum, todos do universo religioso. Era o pretexto que gerava o contexto, propício para as investidas dos

A vida secreta dos padres gays

clérigos mais velhos sobre os jovens seminaristas[3]. Presentes e convites eram parte do jogo, uma forma velada de prostituição que a Igreja mantém. Esses padres geralmente são muito carismáticos e inteligentes. Vale frisar que os padres e seminaristas gays costumam ser os melhores em tudo — lógico que não é uma regra absoluta, mas eles se destacam. Os raros seminaristas heterossexuais e bissexuais costumam ter pouco brilho. Gays se destacavam nos estudos, na música, na liturgia, na costura, nos afazeres domésticos, nas pregações, na catequese, no cuidado com os necessitados etc. Diante de tanta influência, a Igreja guarda traços fortes e mantém viva sua subcultura gay. Mesmo assim, ela segue dentro do armário, justamente onde está guardado seu maior tesouro: os padres gays. Não há a menor possibilidade de a Igreja expulsar todos eles. Se o fizer, ela acaba. Os gays mantêm a Igreja Católica viva.

Mas, voltando à minha vida no noviciado, lembro-me de que, de maneira corriqueira, os noviços se tratavam no feminino. Cada um tinha um apelido que fazia todos caírem na gargalhada, mesmo com o policiamento hipócrita da instituição. Em 2010, aconteceu o Congresso Eucarístico Nacional, evento católico de grande importância, com presença de centenas de bispos e milhares de padres e seminaristas. Talvez tenha sido o maior evento gay que já existiu na história da Praça dos Três Poderes. Eram tantos gays desfilando com suas batinas, paquerando e, como se diz no dialeto gay, "dando *close*" que parecia uma parada LGBT. Eventos do gênero fortaleciam a vocação, as amizades e a certeza ingênua de que se estava no lugar certo, entre iguais. Pessoas de grupos socialmente marginalizados precisam da percepção de pertencimento para sobreviver. Creio ser importante destacar esses detalhes da vida interna da instituição, pois mostra quão paradoxal é essa estrutura. Sem dúvida, fatos inimagináveis para boa parte dos fiéis leigos, de tão absurdos.

Todos esses jogos de sobrevivência, essa dualidade, certamente me trouxeram consequências psicológicas. Ao mesmo tempo que queria

---

3 Não se trata de algo isolado nem exclusivo do Brasil. Segundo relato de Marcelo da Luz, por exemplo, em sua ordem religiosa, não era diferente: "Durante os quatro anos de sua permanência na Europa, em casa de formação religiosa internacional, esse autor, ainda muito jovem e inexperiente, viveu numa comunidade onde religiosos homossexuais eram maioria. Existia claro assédio sexual sobre os religiosos recém-chegados, especialmente sobre os seminaristas de países mais pobres, seduzidos com presentes e convites para viagens durante o recesso escolar. Caso emblemático foi a desventura de um jovem frade proveniente do Leste Europeu, assediado por um confrade italiano. Assustado com o acontecido, o neófito dirigiu-se ao escritório do reitor e denunciou o fato. Porém, a influência política do religioso agressor dentro do ambiente era muito maior: sua versão mentirosa da história foi aceita e a punição recaiu sobre a vítima, estigmatizada durante todo o período restante de permanência naquela comunidade" (LUZ, 2011, p. 218-219).

vivenciar minha sexualidade da forma que me era possível, o peso da culpa e da condenação do pecado eram cada vez mais fortes. Comecei a ter crises terríveis, lutando para negar a mim mesmo. Aumentei o nível das orações e dos sacrifícios. Criei métodos: rezaria mais, me absteria de saborear alguns alimentos. No auge da tentativa frustrada de cura da minha homossexualidade, retirei o colchão da minha cama e passei a dormir no estrado. Era horrível e parecia não adiantar. Os desejos, os afetos e as "quedas" eram regulares. Chorava. Retornava. Nada. Ao longo do trajeto, tive novos episódios de auto-ódio, todos alimentados pela loucura homofóbica de uma instituição majoritariamente gay[4].

No noviciado, tinha também mais acesso a celular e a computador com internet. Já estava havia algum tempo desgostoso com a congregação e comigo mesmo, pensava que deveria buscar algo melhor. Talvez acreditasse que, com a mudança de ordem ou de instituto religioso, eu finalmente transformaria minha sexualidade. Comecei a usar meu tempo na rede para procurar novos seminários e contatei alguns. Se os dirigentes de minha congregação descobrissem que estava fazendo isso, eu estaria encrencado, porque é como procurar um novo emprego usando os recursos do atual. Então, agi em silêncio. Quando já estava praticamente aceito em outro seminário como visitante, apresentei meu pedido de demissão. Era o segundo semestre de 2010. Abandonava, assim, a congregação orionita, após quatro anos[5].

---

4   Sobre esse aspecto, o sacerdote homossexual assumido James Alison afirmou, na sua obra *Fé além do ressentimento:* "A mim, isso parece indicar uma tentativa que goza, ao menos, de certa consistência lógica, em comparação com outra voz, cuja realidade emerge na formação dos seminaristas. Essa última parece ser "razoável", mas não é tão honesta no reconhecimento de seu próprio a *priori*. Essa voz reconhece que a maior parte dos seminários é composta por uma maioria de homens gays e observa que tal realidade tem um efeito desestabilizador na vocação da minoria heterossexual, que acaba se sentindo deslocada. Eu não coloco em dúvida tal observação; é muito menos claro, contudo, que o efeito desestabilizador seja resultado direto do simples fato de termos uma maioria gay. A maior parte da maioria gay, dentro dos seminários católicos ou nas casas de formação religiosa, vive, tipicamente, sob constante ameaça e medo de, em diferentes graus, expulsão e autorrejeição oficialmente sancionada, além do peso na consciência por causa de relacionamentos e envolvimentos que possam estar ocorrendo. Essa maioria vive se questionando severa e silenciosamente se está ou não sendo hipócrita, ao representar publicamente e viver às custas de um organismo que age, em público, como se os odiasse. Para não falar de toda fofoca, jogo sujo, intrigas, luta por poder e delações que caminham de mãos dadas com tais estados mentais. Pelo menos, essa tem sido minha experiência ao conviver — ensinando e visitando — com casas de formação e seminários por três continentes (ALISON, 2010, p. 267; 268)".

5   Ofereci este espaço para que a congregação orionita se pronunciasse sobre a forte presença gay em sua instituição e sobre como lidam com o fenômeno, mas, mesmo respondendo educadamente, fizeram muitas exigências para apresentar a sua versão. Exigiram, por exemplo, ter acesso a trechos do livro com antecedência e a dados dos padres mencionados.

6
Um corpo dividido

A ntes de adentrar os anos seguintes de minha trajetória, penso ser importante esclarecer que a Igreja Católica é extremamente dividida. Há diversas alas e uma variedade de movimentos ideológicos dentro do catolicismo romano, e os mais fortes no Brasil são três: Renovação Carismática Católica (RCC), Teologia da Libertação (TL) e tradicionalismo.

De tendência conservadora, a RCC surgiu nos Estados Unidos, na década de 1960, incorporando práticas das igrejas evangélicas pentecostais (orações "em línguas", que é a suposta capacidade de falar línguas desconhecidas, liturgias animadas por palmas e coreografias, "encontros pessoais" com Cristo etc.) e adotando uma visão política à direita. Uma das mais conhecidas entidades brasileiras vinculadas à RCC — ainda hoje forte e atuante — é a Canção Nova, fundada em 1978.

A TL, que orientava a ação das Comunidades Eclesiais de Base (CEBs), muito fortes no Brasil durante a ditadura militar (1964–1985), ganhou importância também nos anos 1960, e é o oposto da RCC: progressista e politicamente engajada com à esquerda, entendia que a palavra de Deus, e particularmente os ensinamentos de Jesus, deveria ser compreendida à luz da história — isto é, sobretudo o Evangelho precisava ser atualizado e adaptado ao contexto em que era lido. Daí a importância da sociologia, da ciência política, dos estudos históricos e da antropologia. A TL entendia que o reino de Deus deveria se instaurar já, superando as desigualdades e injustiças sociais que geram pobreza e concentração de renda. Durante o longo pontificado de João Paulo II (1978–2005), a TL sofreu diversos reveses, com censura ou restrições aos seus principais pensadores e líderes, como foi o caso do teólogo brasileiro Leonardo Boff e o do quinto arcebispo de São Paulo, dom Paulo Evaristo Arns, enfraquecido pelo desmembramento de sua arquidiocese em 1989.

Três papas foram favoráveis ao progressismo e até o encorajaram: João XXIII, Paulo VI e João Paulo I. Este último, porém, apenas esboçou suas intenções progressistas, talvez mais avançadas que as de seus predecessores, pois pontificou por apenas 33 dias, tendo morrido subitamente, em 28 de setembro de 1978. Foi substituído pelo conservador João Paulo II, por sua vez sucedido pelo reacionário Bento XVI. O atual papa, Francisco, tem oscilado entre a moderação (especialmente em temas comportamentais, reiterando, por exemplo, a condenação ao aborto, criticando o feminismo e insinuando que há muita "viadagem" nos seminários, e ao mesmo tempo autorizando a bênção privada de casais homoafetivos, sem, contudo, lhes permitir o sacramento do matrimônio) e o progressismo, adotando posturas ousadas em questões ecológicas e na denúncia das desigualdades socioeconômicas.

Existe também o movimento ideológico de vertente tradicionalista. Nem todo conservador é tradicionalista, mas todo tradicionalista é um conservador. Os tradicionalistas insistem na liturgia anterior ou se opõem parcialmente às reformas promovidas pelo Concílio Vaticano II (1962–1965) — que permitiu celebrações em língua local (antes, as missas eram rezadas em latim), que os padres e freiras trajassem roupas comuns no lugar das batinas e dos hábitos, que se usassem cantos e instrumentos musicais "profanos" nas igrejas, que leigos pudessem participar e até presidir certas cerimônias e distribuir a comunhão etc. Alguns padres, bispos, arcebispos, cardeais, ordens religiosas e grupos são abertamente tradicionalistas, mas sem romper com Roma, como, por exemplo, o Instituto Cristo Rei e Sumo Sacerdote e a Fraternidade Sacerdotal de São Pedro.

Cabe observar que a alta cúpula da Igreja, a chamada Cúria Romana, que fica no Vaticano, é uma espécie de corte da qual o rei é o papa (na prática, ele é mesmo o monarca absoluto do Estado do Vaticano, além de líder mundial do catolicismo). Seus vários órgãos são chefiados por cardeais, que são uma espécie de "ministros" do pontífice, os quais levam uma vida confortável e às vezes até escandalosamente luxuosa. Claro que entre eles há progressistas, mas o isolamento e esse estilo de vida num país do chamado Primeiro Mundo os afastam da realidade dos católicos do mundo todo, que majoritariamente são da América Latina e, agora cada vez mais, da África.

Cada grupo, portanto, compreende a religião de formas muito singulares. O modo de interpretação da doutrina, a formação e a liturgia são bem diferentes em cada um deles. Os seminários são parte desse contexto. Essas casas de formação podem ser adeptas de uma dessas correntes ou da junção de duas ou várias. Obviamente, cada pessoa pode ter sua identificação própria, mas, em geral, se ela não se encaixa naquela linha de pensamento, é convidada a repensar ou a se retirar. O primeiro seminário de que fiz parte era mais ligado à TL, o que chamavam de uma igreja mais "pé no chão" — pelos motivos que descrevi —, mas nem por isso isenta de contradições, principalmente em questões morais.

Quando estava no processo de busca por outro seminário, procurei algo totalmente novo. Foi nessas intensas pesquisas pela internet que encontrei um grupo pequeno de padres, seminaristas, religiosas e casais de leigos intitulado Comunidade Missionária Providência Santíssima (CMPS). Sem sombra de dúvida, foi nesse seminário que experimentei as maiores incoerências da minha vida como membro interno da Igreja Católica. Fundado no interior de São Paulo, onde também se localiza sua sede, o grupo é ligado à RCC e marcado por pequenas influências de outros movimentos fanáticos da Igreja. Aquela comunidade se vendia como um paraíso de amor e solidariedade nas fotos do site, mas, nas páginas seguintes, vou revelar a verdade: um ambiente de ódio disfarçado, abuso de poder, fanatismo cego e, acima de tudo, uma hipocrisia que grita mais alto que qualquer pregação.

Meu primeiro contato com a CMPS foi na metade de 2010, ainda dentro do noviciado orionita, quando encaminhei um e-mail resumindo minha história e falando de meu interesse em conhecer a comunidade. Tinha achado muito estrambólica a ideia de um seminário em que padres, seminaristas, religiosas e casais de leigos viviam todos juntos e misturados. Aqui vale um adendo. Para quem se assustou com a informação, existe essa polêmica possibilidade, dentro do que chamam de "primavera das comunidades novas"[6], certamente não tão bem vistas por muitos da hierarquia da Igreja. Na comunidade, espalhada pelo Brasil e pelo mundo, mesmo com poucos membros, se comparada às ordens religiosas mais antigas, havia casas em que a convivência diária era entre todos e todas, e à noite tínhamos casas separadas. Em outros casos, de fato, dividíamos a mesma casa, sem importar o gênero ou o estado civil.

Espantou-me a rápida resposta ao meu e-mail. Diferentemente da minha experiência com os orionitas, não tive nenhum acompanhamento vocacional, a não ser algumas trocas de mensagem pelo Orkut com um amável sacerdote. No mesmo ano fui aceito no novo seminário. Saí dos orionitas e, após cerca de dois meses, ingressei na CMPS. Era dezembro de 2010. Fui apenas conhecer a instituição e lá fiquei.

Abro um parêntese aqui, que ilustra bem as incoerências do clero católico. Nesses dois meses que passei fora do seminário, conheci um padre da diocese de Formosa, estado de Goiás, via Facebook. Com a desculpa de que iria me ajudar na vocação, fui morar com ele na casa paroquial. Logo percebi que o clérigo buscava, na verdade, um namorado bem mais jovem. Quando me negava a satisfazer suas vontades, ele "surtava" e me tratava mal por dias. Seu círculo mais íntimo de amizades era formado por cerca de cinco padres, todos homossexuais e simpatizantes da RCC. Surpreendentemente, as conversas deles sobre sexo e sexualidade aconteciam na minha frente, sem pudores. Certa vez, saímos para jantar, e o assunto girava em torno de elogiar rapazes com os quais já haviam se relacionado, como se fosse a coisa mais trivial do mundo. A princípio, fiquei em choque com a naturalidade com que abordavam questões tão íntimas e, ao mesmo tempo, consideradas tabu no ambiente religioso. Eles riam, faziam piadas e compartilhavam histórias que, apesar de veladas quanto aos detalhes, expunham um universo de desejos e experiências que não combinavam com o ideal de celibato. Não havia constrangimento ou medo;

---

6 Em 1996, na exortação apostólica *Vita Consecrata*, o papa João Paulo II, ao falar do fenômeno das novas comunidades no item 62, afirmou: "O Espírito, que, ao longo dos tempos, suscitou numerosas formas de vida consagrada, não cessa de assistir a Igreja, quer alimentando nos Institutos já existentes o esforço de renovação na fidelidade ao carisma original, quer distribuindo novos carismas a homens e mulheres do nosso tempo, para que deem vida a instituições adequadas aos desafios de hoje. Sinal desta intervenção divina são as chamadas *novas Fundações*, com características de algum modo originais relativamente às tradicionais. A originalidade destas novas comunidades consiste frequentemente no facto de se tratar de grupos compostos de homens e mulheres, de clérigos e leigos, de casados e solteiros, que seguem um estilo particular de vida, inspirado às vezes numa ou noutra forma tradicional ou adaptado às exigências da sociedade actual. Também o seu compromisso de vida evangélica se exprime em formas diversas, manifestando-se, como tendência geral, uma intensa aspiração à vida comunitária, à pobreza e à oração. No governo, participam clérigos e leigos, segundo as respectivas competências, e o fim apostólico vai ao encontro das solicitações da nova evangelização".

pelo contrário, parecia um momento de libertação, em que as máscaras da santidade eram temporariamente deixadas de lado. Eu os observava quase em total silêncio, dividido entre o fascínio e a incredulidade, me perguntando se aquele era o verdadeiro rosto da Igreja que eu havia escolhido seguir. Mas, enfim, após os meses de estadia, chegou o momento de ir para o interior de São Paulo. O padre comprou minha passagem e, com dois de seus amigos, foi me deixar no aeroporto. Fecho o parêntese.

Volto a dezembro de 2010, quando cheguei ao novo convento. Sendo justo, os primeiros dias foram encantadores. Que recepção! Quanto sorriso! Que gente amável e carinhosa! Muitos gays, muitas lésbicas, todos juntos. Sentia-me em casa, mais uma vez, e ainda contava com o entusiasmo do novo. A novidade chama a atenção, nos dá vigor. Nos primeiros dois meses, morei na sede geral, em Mococa. Depois fui enviado para um seminário em São João da Boa Vista, também no estado de São Paulo. Lá era onde todos os novos membros passavam o primeiro ano de formação. Homens, mulheres e casais — heterossexuais, claro. Somente casais heterossexuais, ao menos oficialmente, pois havia, sigilosamente, casais gays e lésbicos.

Nosso grupo de primeiro ano era formado por cerca de vinte pessoas em início de formação (chamados de "missionários"), dois padres gays (quase óbvio) e duas irmãs (religiosas com votos). Em São João da Boa Vista, também percebi que os gays predominavam. As idades variavam. Pessoas de quinze, vinte e até quarenta anos e eu, que tinha acabado de fazer dezenove. O formador principal tinha uma postura rígida. Era muito ríspido e claramente não gostava de mim. Muito rapidamente, o grupo dividiu-se em panelinhas. Os formadores tinham seus "queridinhos", repletos de privilégios, como o de ocupar posições de liderança dentro da comunidade. Foi assim que descobri o motivo da raiva do padre: um de seus estimados tornou-se meu amigo. Um bom amigo, aliás. O religioso logo começou a agir: me colocava em tarefas longe do seu pupilo, me perseguia, incomodava-se com minhas piadas e com as histórias que contava à mesa. Enquanto eu limpava os banheiros dos alojamentos, o confrade cuidava da cozinha, por exemplo. Tudo para que mantivéssemos distância. O rapaz em questão foi colocado para dormir na cama ao lado da dele.

Chamavam a atenção os modos do padre formador. Seu andar extravagante, seu comportamento afeminado. Era um homem alto, negro e jovem. Tinha excelente desenvoltura no púlpito, cantava bem, era inteligente. Tudo isso desperdiçado em nome da negação de si. Faltava-lhe autoaceitação. Com o tempo, passou a me delegar tarefas difíceis. Fui o primeiro da turma a ser encarregado de pregar para os fiéis numa tarde de adoração do Santíssimo Sacramento, além de ser escolhido como catequista da turma de crisma da paróquia conjugada com o seminário, o que exige bastante preparação.

Esse padre sempre recebia visitas de seus amigos. Um deles era membro da Toca de Assis, movimento religioso de grande prestígio no meio católico carismático, no início dos anos 2000. É importante frisar que o fundador desse grupo, o padre Roberto Lettieri, foi afastado da própria instituição após supostos escândalos, situação comentada por um cardeal em entrevista[7]. Acontece que, após o afastamento do clérigo, a Igreja encaminhou os membros da fraternidade Toca de Assis ao acompanhamento da CMPS. Um desses membros se tornou amigo íntimo de meu formador. Os dois ficavam horas trancados em uma salinha, em "atendimento". E, quando estavam distantes um do outro, o formador falava do seu amigo com frequência e entusiasmo. Comentava que se veriam nas férias e demonstrava certa ansiedade por esse momento. Em outra ocasião, recebi uma lição inesperada sobre o poder da imagem e do carisma. Meu formador acolheu dois amigos padres que, além de serem abertamente homossexuais, tinham uma presença magnética. Eram homens inteligentes, de uma congregação pequena e quase anônima de outra cidade do interior de São Paulo, mas que se apresentavam com paramentos luxuosos e hábitos pretos impecáveis, quase teatrais. Eles cativaram a atenção de meu grupo de amigos de imediato, não apenas pela aparência imponente, mas pelo jeito como usavam sua voz e os gestos para estabelecer autoridade e simpatia. Falavam de forma descontraída, puxando assunto conosco, encarando-me e a outros colegas com olhares que pareciam atravessar a formalidade do seminário. Eram carismáticos,

---

7   Segundo matéria no portal tradicionalista Fratres In Unum, o cardeal brasileiro dom Braz de Aviz comparou em entrevista o fundador da Toca de Assis com o pedófilo serial e fundador da congregação Legionários de Cristo, padre Marcial Maciel: "Certamente é doloroso quando você vê a expansão de um movimento que se apresenta como carismático, e então a indignidade de seu fundador é revelada. Como tal coisa é possível permanece um mistério, e os Legionários não são o único exemplo. No Brasil, tivemos o caso da Toca de Assis. Era uma comunidade que vestia um hábito no estilo franciscano e que atraiu muita atenção, inserindo-se na Canção Nova. Eles criaram uma forte imagem de si, com irmãos que alegavam dar glória a Deus cantando e dançando. Tinham recrutado seiscentos moços. Depois se descobriu, entretanto, que o fundador tomou parte em comportamentos moralmente indignos com seus seguidores".

cantavam bem e mantinham um discurso simpático à RCC, o que tornava sua presença ainda mais intrigante. Havia uma contradição palpável entre o que representavam em público e a maneira como tentavam se aproximar em particular. A verdade é que usavam a inteligência, a sedução e até a espiritualidade como armas para cativar, como se suas vestes esplendorosas fossem um manto para encobrir intenções mais íntimas. Dias depois de partir, começaram a interagir comigo pelas redes sociais. O poder que antes pairava no seminário agora se tornava pessoal e direto. Suas palavras eram cuidadosamente escolhidas, envolvendo admiração e interesse. Mais tarde, já fora daquela comunidade seminarística e antes de ingressar em outro seminário, cedi às investidas de ambos, em momentos diferentes. Não havia mais o palco nem o simbolismo das batinas, apenas o confronto com a realidade de homens que carregavam o peso de viver entre o desejo e a vocação. Esse episódio me ensinou que a força da sedução não reside apenas em gestos óbvios, mas no poder de quem domina os símbolos, de quem sabe como guiar um olhar ou uma palavra para desarmar e atrair. Mais do que tudo, mostrou-me como, mesmo em ambientes de formação religiosa, a humanidade se revela em seus contrastes: entre o sagrado e o profano, entre a santidade esperada e a verdade. Parecia que as visitas funcionavam como uma espécie de apresentação de jovens seminaristas para padres sedentos por sexo, pois tudo que aconteceu na sequência confirmou essa hipótese.

7

Troca de favores

O utro padre que morava conosco em São João da Boa Vista me atribuiu a tarefa de limpar seu quarto. Na condição de seminarista, não havia escolha: tinha que limpar, inclusive o banheiro. Os padres contavam com o privilégio de não fazer quase nada relativo a trabalhos domésticos. Em geral, eles têm empregadas e/ou seminaristas ou freiras para realizar esses serviços.

Com o tempo, as solicitações de limpeza foram se tornando constantes. E, durante a faxina, o padre começou a me abraçar enquanto eu trabalhava, passava a mão pelo meu corpo, em carícias cada dia mais ousadas. Isso me gerava medo, dúvidas, mas também prazer. Depois de um tempo ele conseguiu o que queria: sexo. Passamos a "ficar" regularmente. Ele era uma pessoa extrovertida, além de jovem e bastante atraente. Criamos intimidade. Para as missas e eventos em outras cidades, eu era sempre escolhido para acompanhá-lo. Ganhei esse privilégio. Esse tipo de acompanhamento ou assistência é comum nos trabalhos pastorais da Igreja. O outro formador percebia tudo que estava acontecendo, mas não falava nada. Só aceitava as decisões do outro padre. Eles eram bem amigos, e logo entendi que um encobria a hipocrisia do outro. Isso é parte importante da vida secreta dos padres gays: a construção dos apoios mútuos para a manutenção da subcultura gay dentro dos seminários, conventos, mosteiros e casas paroquiais, além da tolerância quanto a certas posturas contra os votos e promessas de quem já recebeu a unção sacerdotal.

O padre formador era quem tinha o maior poder de decisão. Era ele quem distribuía as tarefas dentro do seminário. Havia também uma irmã formadora, mas menos influente. Quando o vigário pedia que eu ficasse com a faxina de seus aposentos, o formador consentia. Nunca negou. Isso facilitava nossa "relação". É lógico que o superior sabia o que se passava. Com o passar do tempo, o padre a quem eu servia passou a ter ciúmes. Quando me via de amizade com algum seminarista, me questionava, cobrava e até me proibia de ter intimidade com outros. Nossa proximidade chegou a tal ponto que ele me levou a conhecer sua família, em outra cidade.

Esse ano de 2011, em São João da Boa Vista, também foi marcado por várias brigas entre seminaristas. Surgiram casais homoafetivos, havia muita fofoca, reuniões das panelinhas, ciúmes, *ménage* entre seminaristas. Um deles, mais jovem, apaixonou-se por mim. Por não ser correspondido como queria, ele me denunciou ao formador, alegando que havia me visto "ficando" com outro. O caso não deu em nada. Apenas fui chamado para uma conversa, em que assumi minha referida falha e me comprometi a não repeti-la — pura formalidade fetichizada pela "lei do sigilo" — código de silêncio que os seminaristas são educados a seguir para preservar a falsa imagem de castidade dos religiosos da Igreja. Curioso é que ele não me chamara a atenção por eu "ficar" com padres. Tudo envolve uma questão de poder: quanto mais elevada a posição na hierarquia, mais liberdade se tem. Como eu estava antes do primeiro degrau da carreira eclesiástica, tinha que cumprir certos protocolos. Mas, nos sete anos que passei em seminários, nunca fui convidado a sair, nunca fui expulso nem suspenso. Fui aprendendo os códigos, "peguei o jeito", como se diz, aprendi sobre os modos de sobrevivência e as trocas de favores para sobreviver. A regra é clara: quem entra no jogo permanece.

8

O padre abusador

Durante o ano, passamos a receber visitas de alguns padres da comunidade, vindos de outras cidades. Um deles nos atendia em confissão. Para quem não sabe, a confissão é um dos sete sacramentos da Igreja Católica, os quais, segundo sua doutrina, são rituais que permitem a ação divina no ser humano: batismo, crisma (ou confirmação), eucaristia (ou comunhão), matrimônio, ordem (dividida em três graus: diaconato, presbiterado e episcopado), confissão ou penitência (que somente os padres podem ministrar) e unção dos enfermos (ou extrema-unção). Esse padre confessor foi designado a ouvir nossos pecados. Se o conceito de pecado hoje soa absurdo para mim, imagine a ideia de confessar minha intimidade para alguém, como se fosse um crime. Violência total. Mas naquela época a confissão, para mim, era tão somente um momento sacro, daqueles que apontavam as contradições entre o que vivíamos enquanto comunidade e o que era pregado no púlpito aos fiéis. É importante lembrar que, em seminários e casas de formação, o padre confessor quase nunca mora com os seminaristas, dando-se preferência a um padre de fora.

Comecei a me confessar com o padre visitante, uma vez que se tratava de procedimento obrigatório e regular. Durante um dos atendimentos, confidenciei que havia me masturbado — um pecado grave, segundo a moral da Igreja. O padre começou a pedir detalhes[8] sobre como eu havia me masturbado. Achei aquilo no mínimo esquisito. Quanto mais eu falava, mais detalhamento ele me pedia, inclusive minúcias de minhas fantasias sexuais, alegando ser necessário à completude do sacramento[9]. De repente, aquele sacerdote levantou-se e me mostrou seu pênis ereto sob a calça. Ele estava paramentado com a estola roxa (espécie de "faixa" que o padre usa, pendurada no pescoço e com as duas pontas descendo pelo peito até a metade das pernas), o que tornava a cena ainda mais chocante. Na época, com a devoção que carregava, fiquei horrorizado com a situação. Constrangido, tentei desconversar. Ele percebeu e se envergonhou.

Essa experiência de assédio sexual marcou minha vivência religiosa de forma fulcral. Cheguei a comentar o ocorrido com outros padres e superiores, que me ignoraram. A última informação que tive desse clérigo é que ele foi enviado em missão para uma região distante. Infelizmente pessoas muito vulneráveis podem estar sob seus cuidados pastorais. Algumas fontes me disseram que ele supostamente teria se envolvido em escândalos sexuais no Pará, com situações de abuso, e que o processo correria em segredo de justiça. Recentemente li, na página da Diocese de São João da Boa Vista, uma postagem em homenagem ao aniversário do padre confessor, o que não deixa de ser ainda mais cruel. Situações assim intimidam muitas vítimas, que se sentem impotentes e fragilizadas perante uma instituição poderosa e inerte quanto a abusos e assédios.

Segundo a doutrina católica, quando um padre ministra um sacramento, age — como diz o jargão latino da Igreja — *in persona Christi* (na pessoa de Cristo). Para mim, soa escandaloso até hoje o uso desse poder por sacerdotes que se aproveitam das pessoas em situação de subordinação religiosa. O nome legal para isso é abuso de poder, algo corriqueiro nessas instituições de pessoas que dizem levar Deus no coração. Acho muito importante tornar público esse relato, mesmo que seja uma aberração,

---

8 A obra *Sexo no confessionário*, dos jornalistas Norberto Valentini e Clara di Meglio, é importante documento acerca da questão.

9 Em *A vida sexual do clero*, o jornalista espanhol Pepe Rodríguez comenta sobre as investidas sexuais durante a confissão. Um relato surpreendente, que tem muito a ver com a minha própria experiência, é o seguinte: "Mas o confessionário católico não é só um instrumento de controlo e domínio ilícito das consciências alheias, ou uma janela privilegiada para as tendências lascivas; no confessionário católico está-se numa excelente plataforma para poder seleccionar alvos a quem fazer futuras propostas de índole sexual. O sacerdote, mediante a autoridade, protecção e impunidade que lhe confere o confessionário, pode explorar as consciências, gostos, afinidades e necessidades dos seus paroquianos. Pode distinguir facilmente os alvos sexualmente abordáveis e lançar-se a eles com maior ou menor habilidade ou manobrar durante um tempo para modificar as atitudes de algum dos seus alvos até introduzir alterações que acabem por beneficiá-lo sexualmente" (RODRÍGUEZ, 1996, p. 321).

para que todos notem os extremos que uma sexualidade reprimida ou clandestina pode alcançar. Na obra *No armário do Vaticano*, Martel toca justamente nesse ponto quando aborda o tema das confissões. Escrevi essa passagem do texto sobre minha experiência de assédio antes de ler esse livro, e, para minha surpresa, religiosos entrevistados pelo jornalista passaram pela mesma experiência que eu. Diante disso, retornei ao texto. Martel conta que os seminaristas alegaram que, ao se confessarem gays, os padres faziam-lhes propostas indecorosas, inclusive chegavam ao extremo de tocá-los, de chantageá-los ou até mesmo de agredi-los sexualmente.

A Igreja prefere não se ocupar de educação sexual de forma séria nos seminários[10]. Logo, seus padres raramente estão preparados para lidar com pessoas que vivem questões relacionadas à sexualidade em seus trabalhos pastorais[11]. Vale lembrar que sexualidade vai além de sexo, no sentido de relação sexual. A instituição foca apenas a questão do ato sexual em si, a genitalidade, e ignora as dimensões gerais e complexas da sexualidade humana. O padre que chega ao extremo de tentar impor seus desejos dentro de um confessionário é consequência dessa omissão e da violenta castração da sexualidade imposta pela Igreja. Largar a batina resolveria? É um caminho possível, mas não soluciona o todo. Pensar por esse lado não eximirá a Igreja de ter entregado ao mundo indivíduos com sérios problemas. Assim como eu, muitos seminaristas ingressaram adolescentes nos seminários, e quem forma esses indivíduos é a Igreja. A

---

10 Na obra Um espinho na carne, o padre Gino Nasini afirma: "Uma estatística segura é sobre sacerdotes que faleceram por causa da Aids. De 1987 a 1993, vinte e sete padres morreram de Aids em São Paulo, representando 2% do clero (1500) daquela cidade. O capelão daquela cidade, padre Léo Pessini, do Hospital das Clínicas, o maior de São Paulo, é citado por ter afirmado: 'A Aids entre padres é tratada como segredo. Mas o problema é real e deve ser encarado'" (NASINI, 2001, p. 81). Em 1989, a revista Veja publicou o caso do padre mineiro homossexual Almiro Gonçalves de Souza, que contraíra o vírus e estava em tratamento ("Sem confissão", Veja, 27 de julho de 1988, p. 81).

11 "No final de janeiro de 2000, a jornalista Judy L. Thomas abalou a Igreja Católica norte-americana com uma reportagem de primeira página, em três partes, no *Kansas City Star*, relatando que centenas de padres haviam morrido de doenças relacionadas à Aids e que centenas de outros estavam infectados com o vírus da síndrome. A Conferência Nacional dos Bispos Católicos imediatamente protestou, assim como pregadores dos púlpitos de costa a costa. Os protestos foram acompanhados, em muitos casos, de ataques a Thomas e ao *The Star* por terem ofendido a fé católica. Dez meses depois, Thomas relatou que o *The Star* havia documentado, por meio de certidões de óbito e entrevistas com familiares e colegas, mais de trezentas mortes de sacerdotes relacionadas à Aids. Ela observou que, como as certidões de óbito são sigilosas em quase dois terços dos estados norte-americanos, é impossível computar o número exato de mortes relacionadas à Aids entre o clero católico. É razoável supor que o número seja maior, significativamente maior, do que os trezentos relatados. Além disso, 'The Star apurou que a taxa de mortes por Aids entre padres era mais do que o dobro da observada entre todos os homens adultos nesses estados [com acesso aberto às certidões de óbito] e mais de seis vezes a da população em geral nesses estados'. De acordo com Richard Selik, médico epidemiologista e especialista em Aids do Centro para Controle e Prevenção de Doenças, em Atlanta, 'Os dados disponíveis mostram que a taxa de mortes por HIV é mais alta entre padres do que na população geral de homens com mais de 25 anos'. A negação, assim mesmo, permaneceu constante. Em várias das maiores dioceses dos Estados Unidos, com quatrocentos a quinhentos sacerdotes, o número de padres que haviam morrido de Aids era, com frequência, quatro ou cinco — um em cada cem, número que dá credibilidade à série de reportagens do The Star. No entanto, as palavras dos porta-vozes diocesanos ecoaram a postura oficial predominante: apenas um pequeno número de sacerdotes era de homossexuais e apenas uma porcentagem muito pequena de sacerdotes era sexualmente ativa. Os próprios líderes da Igreja puseram-se de guarda às portas do segredo" (COZZENS, 2004, p. 156, 157).

responsabilidade pela educação sexual desses meninos e jovens, portanto, é dela. Que tipo de pessoas ela entrega para o mundo? Abusadoras? Maníacas? Traumatizadas? Que ela seja julgada por aquilo que pretende ser: formadora de corações e mentes. Tal qual se põe, tal qual seja seu juízo.

Nem tudo, porém, era ou é só tristeza nessa situação tão opressora. Em um ambiente em que gays mais poderosos (padres) comumente perseguem gays desprovidos de poder (seminaristas), é necessário criar meios de sobrevivência. As estratégias podem ser carregadas de bom humor e criatividade. Nesse seminário de São João da Boa Vista, as panelinhas gays foram inventando uma linguagem própria: os termos sexuais eram substituídos por palavras e expressões do meio religioso. A palavra "rebanho", por exemplo, significava pênis, enquanto a expressão "fazer pastoral" era o mesmo que fazer sexo. No seminário de Ananindeua, no Pará, também eram comuns essas formas de comunicação, como, por exemplo, a gíria já citada "gayminário" e outras como "barnabichas", em substituição a barnabitas (congregação religiosa com forte influência no Pará, responsável pelo Círio de Nazaré), por conta do elevado número de gays entre eles. Um novo formato de pajubá (vocabulário linguístico próprio da comunidade LGBT), originado no contexto religioso, quando o sagrado e o profano já não são dois, mas uma só carne.

9

O convento das loucuras

Após um ano morando em São João da Boa Vista, todos os que permaneceram e perseveraram foram transferidos para a pacata Mococa, cidade paulista a 77 quilômetros dali. Era 2012, e a tranquilidade da cidade não combinava com o que acontecia no Convento São José. Essa casa religiosa é tida como a sede geral da Comunidade Missionária Providência Santíssima, onde moram os três fundadores e fica o seminário de Filosofia e Teologia, além de outros ambientes. No ano em que lá vivi moravam cerca de setenta pessoas: homens, mulheres e casais, todos juntos.

O dia iniciava com missa concelebrada por todos os padres que lá moravam, em torno de sete. Certo sacerdote usava o sermão desses momentos matinais para dar bronca em seus "filhos". Com gritos histéricos, admoestava rispidamente os presentes. Ao final, todos sempre comentavam à boca miúda, discordando da metodologia agressiva do clérigo, mas concluíam com um conformado "é o jeitão dele". As reclamações do monsenhor incluíam desde questões morais, como a homossexualidade, até casos mais banais, relacionados à limpeza do espaço. Sempre usava o antigo conceito de "amizades particulares", que é um termo eufêmico para relações homossexuais historicamente usado em grande parte dos seminários. "Cuidado com as amizades particulares", dizia.

Tudo fazia parte do show. As *performances* são parte do espetacular teatro que é a Igreja. Em seu grande armário, ela tenta esconder-se de si mesma. O padre que berrava contra os gays estava, ao mesmo tempo, cercado por sacerdotes gays no altar. É importante evidenciar que não eram apenas gays celibatários, mas todos em pleno exercício de sua vida sexual e amorosa[12]. Ou seja, nenhuma obediência ao voto de castidade. Para enriquecer o show, a estética e o apelo emocional eram marcas registradas da CMPS. O altar sempre bem decorado com rendas, tapetes e tecidos de alta qualidade. Flores naturais por todo lado, objetos litúrgicos limpos e impecáveis. Viria bem ao caso aquela fala de Cristo, quando ele se refere aos sepulcros caiados. A aparente doçura dos membros da comunidade, tão gentis no acolhimento de aspirantes e fiéis, escondia um amargor de fel. O apelo emocional das celebrações, porém, não era menos intenso, pois as de grupos católicos de tendência carismática, como CMPS, se assemelham aos cultos neopentecostais mais exaltados. As cerimônias tinham momentos para "oração em línguas", "repouso no Espírito", cânticos fortemente emotivos e gritos.

A CMPS adotava a política de não expulsar seminaristas e irmãs, salvo raríssimas exceções. Isso abria brecha para que pessoas com os mais variados tipos de comportamentos fossem mantidas na instituição. Não havia critérios nem acompanhamento vocacional sério, pois queriam manter alto o número de vocações. Em nome disso, negligenciavam vidas, tratando boas pessoas como mero quantitativo: quanto mais gente dentro, melhor. Uma das fundadoras também se alterava frequentemente, despertando pavor com seus gritos pelos corredores. Chamava os seminaristas agressiva e pejorativamente de "gayzinhos", embora os padres que ela protegia fossem gays com vida sexual ativa[13]. Com isso aprendi mais uma lição: para a

---

12 A prestigiada teóloga alemã Uta Ranke-Heinemann (1927–2021) refletiu sobre celibato e homossexualidade no clero católico em sua obra *Eunucos pelo reino de Deus*. A estudiosa afirma que o celibato existe para manter a homossexualidade possível entre o clero: "Que a porcentagem de homossexuais na hierarquia da Igreja e no clero seja crescente e, afinal de contas, acima da média desde a Contrarreforma é sobretudo responsabilidade do fato de hoje — diferentemente de na época da Reforma Luterana — o clero se agarrar ao celibato com unhas e dentes: caso papas e bispos pudessem se casar, os homossexuais perderiam seu biótipo ideal. É proibido casar-se, eles não sentem nenhuma inclinação para isso e o cumprimento da proibição chega a ser visto como uma virtude e uma oferta de carreira divina. Todo bispo hoje designado — bispos são escolhidos a dedo pelo papa — deve garantir previamente que está comprometido com estes dois pontos: 1. nenhuma mulher sacerdotisa; 2. nenhuma mulher de sacerdote" (RANKE-HEINEMANN, 2019, p. 408; 409).

13 O padre que mencionei anteriormente, aquele cujo quarto eu frequentemente limpava, era um dos protegidos pela superiora da comunidade. Apesar de sua vida sexual ativa ser do conhecimento dela, nada de negativo aconteceu em relação a ele, tratado como um "queridinho" da superiora. Ela nunca questionou suas atitudes nem o afastou da comunidade, pois, para ela, o que realmente importava era a lealdade e a proximidade dele com os superiores, e não o comportamento privado, que, para ela, parecia ser algo secundário diante da dinâmica de poder e confiança que ele representava.

Igreja, realmente não importava quem era ou não era gay, mas quem era amigo ou não dos superiores.

Da turma de São João da Boa Vista, formamos um grupo de cinco amigos inseparáveis, quatro meninos e uma menina. Nós, os quatro meninos, todos mantínhamos relações sexuais regulares, não ao mesmo tempo, mas em pares ou trios. No entanto, ao contrário do que poderia parecer, essas relações estavam longe de ser completamente naturais ou descomplicadas. Por mais que houvesse atração física e até momentos de prazer, vivíamos numa constante tensão interna. Muitas vezes, depois de uma dessas interações, sentíamos um peso enorme, como se estivéssemos traindo algo maior — nossa vocação, nossa fé ou mesmo a amizade que nos unia. Conversávamos sobre isso, prometíamos parar, fazíamos pactos de tentar nos manter fiéis ao propósito do seminário. Mas, invariavelmente, repetíamos o que tínhamos jurado evitar. Era como se estivéssemos presos em um ciclo de culpa e desejo, uma contradição que consumia parte de nossas forças e deixava nossas emoções à flor da pele.

Com um deles tinha mais do que sexo: havia envolvimento emocional e romântico, e, em virtude da regularidade das interações e da conexão que criamos com as conversas, desenvolvemos um vínculo muito forte. Porém, em Mococa, isso mudou radicalmente. Um dos padres que moravam no convento tinha sido vigário do rapaz numa paróquia do litoral paulista. O seminarista alegava que ele e o tal padre mantinham um caso desde que ele era muito jovem, quando contava quinze anos. Como coroinha, foi orientado por seu amante padre a também seguir o caminho sacerdotal. Em Mococa eles se reencontraram, mas havia um problema: eu. O padre de meia-idade tratava o jovem como "filho", sempre solicitando sua ajuda em afazeres e convidando-o ao seu quarto. Obviamente, assistir a tudo aquilo me incomodou, me causou ciúmes. Decidi investigar melhor, para ter certeza do que estava acontecendo, e passei a espiar pela brecha da velha porta de madeira do quarto do padre, quando o seminarista se dirigia para lá. Inúmeras vezes os flagrei mantendo relações sexuais. Por ironia do destino ou por perversidade da instituição, foi ali que descobri meu lado *voyeur*...

Questionei o seminarista sobre sua clandestina vida amorosa com o padre. Ele alegou certa pressão, como se estivesse fazendo aquilo por obrigação, e não por prazer e vontade própria. Era um tanto óbvio, para mim, que havia algo errado, pois o padre estava longe de ser um homem atraente. Quando o jovem se negava a manter relações sexuais com ele, o sacerdote passava a chantageá-lo, dizendo que o seminarista estava ali graças a ele. Em troca, o clérigo esperava favores sexuais do jovem. Esse padre, incomodado com minha amizade colorida com seu amado, passou a me ameaçar. Certa noite, eu passava sozinho pelo corredor vazio e escuro quando, me pegando de surpresa, ele me encurralou e me agrediu com palavras em tom homofóbico, exigindo que eu não falasse mais com o rapaz. Passei a ficar apavorado quando via meu agressor, e ele, ao contrário, olhava para mim sorrindo, debochando. A partir daí, o seminarista parou de se comunicar comigo, quase que de forma repentina, e tive a certeza de que o padre o proibira de me contatar.

As coisas começaram então a piorar. Passei a me isolar e a viver com medo. Além disso, tínhamos rotinas de trabalho exaustivas e pouco estudo e formação. Uma vez por semana, acordávamos de madrugada para a oração, além de que sempre ouvíamos gritos dos formadores, durante as missas e refeições, nos repreendendo. Por onde eu andava, ouvia as pessoas reclamando do que se passava. Seminaristas diziam que suportavam tudo aquilo apenas porque um dia teriam "uma estola no pescoço" (no dia da ordenação presbiteral, o sacerdote recebe a estola). A referência da estola no pescoço simboliza a liberdade e o prestígio social que o religioso ganha quando se torna padre, supostamente valendo a pena todo o sufoco dos anos de seminário. Tornar-se padre, para a grande maioria, é o que o livra de se assumir gay, pois, ao ser ordenado padre, o homossexual se exime da obrigação de dar satisfações de sua sexualidade, que passa a ser vivida clandestinamente (seja ela hétero ou homoafetiva)[14]. Essa aparente liberdade, portanto, é uma fuga de si mesmo.

Aquele convento reunia uma infinidade de pessoas com a sexualidade mal resolvida, repletas de auto-ódio e se escondendo atrás da fachada da instituição. Lá os comportamentos eram mais gritantes que no antigo

---

14 Há diversos casos divulgados pela mídia da minoria de padres heterossexuais e, possivelmente, alguns bissexuais, que se envolveram em escândalos sexuais, o que demonstra que a questão do celibato está além da homossexualidade. Sem dissociar totalmente o celibato da problemática da homossexualidade clerical, pois, como já visto, é um importante instrumento de proteção, convém esclarecer que sacerdotes héteros e bissexuais também têm longo histórico de infidelidade ao voto de castidade. Em 1995, a *Folha de S.Paulo* publicou: "Padre anuncia durante missa que engravidou mulher com quem vive". Em 2014, o jornal *Estado de Minas* divulgou o afastamento de um padre por ter engravidado uma mulher casada ("Padre de Conselheiro Pena engravida mulher casada e é afastado pela Diocese"). Em 2023, um padre pediu dispensa ao descobrir que seria pai. Ou seja, mantinha um relacionamento havia algum tempo e só decidiu sair após engravidar a companheira ("Padre pede dispensa da Igreja Católica ao saber que vai ser pai em Franca, SP").

seminário que frequentei. Porém, ao mesmo tempo que essas pessoas usavam e usam a instituição, esta as usava e usa. É uma relação de codependência. Além disso, é nítida a crise de vocações. Há dioceses com poucos padres, congregações fechando ou se fundindo com outras para sobreviver. Talvez, como apontei antes, isso explique o fato de aquela comunidade — assim como outras tantas — não ter muitos critérios. Aliás, em todos os lugares pelos quais passei, tive grande facilidade para ingressar. Não é difícil entrar num seminário, na atual conjuntura. Basta ter bons contatos. Uma aparência considerada atraente também pode ajudar, pois é grande a possibilidade de haver algum padre gay que queira você por perto.

O convento de Mococa também reunia os padres que estavam com algum problema, como se fosse uma espécie de local de punição para os que romperam a regra do silêncio e da discrição. A Igreja quase nunca vai tratar questões sérias com seriedade, porque precisa manter o seu poder. O jogo das transferências é velho conhecido, um amigo fiel da hierarquia eclesiástica. Varrer para debaixo do tapete é uma estratégia comum. Evitar-se-á o escândalo, sempre, a todo custo, até quando for possível. É preciso manter a pose de suposta santidade, e, para isso, que dancem as cadeiras. Além do mais, em comunidades de vida (como é chamado esse ramo da "Nova Primavera da Igreja") em que ainda não se tem a aprovação formal da Santa Sé, tudo precisa funcionar da maneira mais discreta. O que essas pequenas instituições dentro da Igreja mais querem é poder, e para isso precisam representar. Padres e seminaristas que não seguiam os códigos passavam a ser continuamente vigiados e punidos, desde que não fossem os protegidos dos superiores. Era um jogo muito complexo. Tudo era permitido a quem fosse protegido, desde que feito com discrição. Quem integrava o baixo clero era tratado com mais rigidez e punido. Em Mococa eu fazia parte do grupo dos que não tinham a proteção de nenhum dos superiores, era só mais um na multidão. Quando comecei a ficar deprimido por conta das circunstâncias que expus, fui convidado a participar de uma espécie de tratamento psicológico-religioso pseudocientífico, outra experiência marcante na minha vivência seminarística.

Havia lá uma irmã supostamente psicóloga que conduzia essas "orientações". Tudo começou com a total exposição de minha vida, desde a infância, quando fui coagido a contar tudo que tinha acontecido desde que me entendo por gente. O sexo e a sexualidade eram o centro dos encontros, numa certa obsessão dela. Quando expus que me reconhecia como gay desde sempre, ela disse ter encontrado a raiz de todos os problemas. Disse que o motivo de eu pensar ser gay era o fato de ter tido um pai ausente e que deveríamos trabalhar essa questão. O primeiro passo foi narrar todas as minhas experiências sexuais, inclusive as que tive dentro do seminário. Fui orientado a denunciar com quem me relacionei e a revelar o nome de padres. Em uma das sessões, eu estava em prantos quando ela convocou a presença de uma das fundadoras e superiora geral da comunidade. Quando revelei o nome dos seus "filhos" padres com os quais eu havia me relacionado, entre eles um dos seus prediletos, ela simplesmente se recusou a acreditar e passou a dizer que eu estava inventando, me tratando com grosseria. O que já estava ruim ficou pior. Achei que me abrindo e contando toda a verdade eu passaria por aquele tormento e ganharia a confiança e o apoio da cúpula da entidade. Enganei-me amargamente, e isso me dói até hoje, porque, no momento de maior fragilidade, a minha verdade foi atacada em prol da conservação daquele sistema incoerente, repressivo e hipócrita.

Nas sessões seguintes de cura gay, tive que ser aconselhado numa sala a sós por um casal heterossexual. Falaram da vida, da família, dos filhos, do casamento, do amor etc., tudo para negar a minha natureza e validar apenas a deles. Ao final, faziam longas orações com imposição de mãos e apelos emocionais, tentando me induzir a cair no chão após o que chamam de "repouso no Espírito". Mas comigo não funcionava. Era uma situação angustiante, que ainda hoje me nauseia e me desperta ódio. Mas o pior estava por vir.

À medida que participava dessas sessões diárias, com convidados especiais, minha saúde mental ficava cada dia mais abalada. Passei a faltar às aulas na faculdade de Filosofia, não saía mais da cama e perdi o apetite. Passava quase o dia todo deitado. Eu era um adolescente e não tinha estrutura alguma para passar por aquilo. Minha primeira reação foi pedir imediatamente o meu desligamento daquele seminário. Para minha surpresa, eles me negaram a possibilidade de ir embora. Alegaram que eu estava no meio de um tratamento e que abandoná-lo seria prejudicial. Tentei permanecer mais alguns meses, mas não dava. Novos pedidos para ir embora, novas recusas. Na época, cortaram meu acesso ao telefone e à internet e proibiram alguns seminaristas de falar comigo. Eu estava totalmente preso, sozinho, desesperado e tinha fortes pensamentos suicidas. A tal freira "psicóloga" passou a me dar remédios psiquiátricos de tarja preta, mesmo não sendo médica, e sem que eu fosse examinado por um profissional capacitado. Os remédios me deixavam dopado, sem qualquer sensação. Virei um robô, emagreci e queria apenas dormir. Finalmente consegui falar com minha família, às escondidas. Entrei na sala em que estava o telefone e liguei. Desesperado, narrei resumidamente o que se passava. Minha mãe ficou angustiada e falou que buscaria uma forma de me tirar de lá. Expliquei que eles não me deixavam sair de jeito nenhum, não permitiam meu desligamento. Penso que por medo de que eu contasse tudo que sabia sobre o que lá acontecia.

Passados mais alguns dias de sofrimento, tive uma surpresa. O padre formador do meu antigo seminário orionita estava ao telefone, querendo falar comigo e com os responsáveis da CMPS. Minha mãe tinha viajado até Ananindeua para falar com aquele padre, que me conhecia desde os treze anos e tinha enorme carinho por mim. Ele me salvou. Após longos minutos ao telefone com aquela fundadora e a psicóloga mequetrefe da cura gay, pediram-me um tempo. Depois de algumas horas, vieram com o bilhete da passagem nas mãos. Eu esperaria somente mais alguns dias para minha libertação. Que alívio! Mas cada dia de espera era um tormento. Ainda me deram a alternativa de desistir de tudo e cancelar a passagem, mas eu estava convicto de que deveria ficar o mais longe dali. Finalmente o grande dia chegou. Um grupo de irmãs me levou de carro até o aeroporto de Ribeirão Preto, não sem um último contratempo: nem todas as minhas malas seriam embarcadas, por causa do peso extra das bagagens. Duas ficaram sob posse da comunidade, para posterior devolução, o que nunca aconteceu. Um ano e meio depois, estive em Mococa visitando uma família de amigos leigos. Fomos à recepção do convento solicitar a retirada, mas alegaram não haver mais nenhuma mala com pertences meus. Até hoje sonho em ter minhas duas malas de volta. Nelas, havia livros, cartas, roupas e objetos que tinha ganhado durante parte da minha trajetória.

Mas, voltando ao grande dia de minha libertação, lembro que cheguei ao Pará esgotado física e psicologicamente. Recuperei-me depois de meses, mesmo sem apoio médico ou psicológico. Minha vontade era denunciar tudo que havia acontecido comigo. Porém, minha família me pediu que não enfrentasse a Igreja, que é muito poderosa, e não tínhamos como combatê-la. Talvez este livro seja meu manifesto de revolta contra ela, a denúncia que fui impossibilitado de realizar há mais de uma década. Após algum tempo no Pará, congregações entraram em contato comigo, me comuniquei com outras e passei a viajar para conhecê-las. Voltei a ser o que chamam de "vocacionado", termo usado para designar quem almeja ingressar na vida sacerdotal e/ou religiosa.

Nesses meses, fui convidado por diversos padres a conhecer suas cidades de origem, sempre com tudo pago. Os convites aconteciam principalmente pelas redes sociais, em que mantínhamos contato constante. Naquele período, minha lista de conhecidos no clero era extensa: seminaristas, religiosos e padres de várias congregações e paróquias, de diferentes estados do Brasil e até de outros países. Em algumas dessas viagens, ficávamos hospedados em hotéis e lá transávamos, enquanto em outras eu me hospedava em conventos, casas paroquiais e até nas casas das famílias desses padres. Eles me apresentavam como um amigo seminarista ou um jovem interessado na vocação religiosa, sempre com muita cordialidade. Numa dessas ocasiões, hospedei-me no convento dos mercedários em São Paulo, quando mantive relações com um frade, em outra fiquei numa casa paroquial em Cotia, município da Grande São Paulo, com um dos vigários. Foram muitas viagens, e há várias fotos desses momentos no meu Facebook.

Lembro-me também de uma viagem específica ao interior de São Paulo, patrocinada por dois dos padres que eram amigos do meu antigo formador em São João da Boa Vista. Eles bancaram as passagens e a hospedagem, e até recebi presentes durante a estadia. Em troca, a expectativa era clara, ainda que nunca fosse verbalizada: favores sexuais. O padrão se repetiu em uma viagem ao Espírito Santo, onde conheci novas paróquias e hospedei-me numa cobertura próxima à Praia do Frade. As cidades mudavam, mas o cenário era sempre o mesmo: padres que, em público, ostentavam o discurso de castidade e santidade, mas que, em particular, buscavam prazeres carnais.

Eu não vivia essas situações sem conflito. Por vezes, eu me perguntava se estava cometendo um pecado mortal ou se de alguma forma havia me tornado um "prostituto do reino de Deus", como cheguei a me autodenominar. Mas essa culpa coexistia com outra realidade: eu estava cercado por homens de Deus. Havia algo na presença deles, na autoridade que carregavam, que parecia justificar — ou ao menos amenizar — o peso do que estávamos fazendo. Eu racionalizava, dizendo a mim mesmo que, se eles, padres ordenados e "espiritualmente maduros", aceitavam isso, quem era eu para contestar?

Além disso, havia um elemento quase sedutor no senso de exclusividade que essas viagens só me traziam. Conhecia paróquias, conventos e cidades que pareciam reservados apenas aos escolhidos. Fazíamos parte de um círculo fechado, que era sustentado por redes sociais e grupos privados no Facebook, em que padres e seminaristas interagiam com uma liberdade que nunca se mostrava publicamente. Essas redes não só facilitavam os convites, mas também criavam um senso de comunidade, em que o segredo era a base de tudo.

O conflito existia, mas ele não era forte o suficiente para me impedir de aceitar os convites. Talvez porque, no fundo, eu também estivesse buscando algo: pertencimento, aprovação ou, quem sabe, uma forma de entender os paradoxos do que vivíamos dentro da Igreja. Cada viagem era um lembrete de que, por trás dos paramentos e batinas, havia homens de carne e osso, tentando, à sua maneira, conciliar fé e desejo.

Sobre os horrores acontecidos na Comunidade Missionária Providência Santíssima, tentei denunciá-los, sem sucesso, à Comissão de Tutela[15] da Arquidiocese de São Paulo, enquanto escrevia este livro. A Comissão tem a falsa missão de lidar com os problemas de âmbito sexual causados pelo clero, tanto com adultos quanto com crianças, e supostamente ouvir as vítimas e punir os algozes. Tentei por três vezes uma solução. E-mails ignorados, respostas e métodos insatisfatórios. Esse é o tratamento que o catolicismo dá às suas vítimas. Nada de muito diferente do que aconteceu ao longo da história. Após o último e-mail que enviei, questionando a metodologia, nunca mais me responderam.

---

15 As comissões de tutela são órgãos criados a partir da publicação do motu proprio papal *Vos estis lux mundi*. O documento, publicado em maio de 2019 pelo papa Francisco, indica a criação de canais de denúncias nas circunscrições eclesiásticas para apuração de crimes sexuais que padres, religiosos e religiosas possam ter cometido contra menores ou pessoas vulneráveis.

10

A iniciação no mundo gay secular

U m desses padres com quem viajei após minha saída da CMPS me levou pela primeira vez a uma Parada do Orgulho LGBT na avenida Paulista. Também com ele conheci a boate gay Planet, no coração da cidade de São Paulo. O padre me largou sozinho na pista de *tribal house* e foi se deliciar no *dark room*. Lembro com um sorriso no rosto o meu total deslocamento no ambiente, vestido com calça e sapato sociais, cruz no peito e encostado na parede, a esperar pelo clérigo, que possivelmente orava ajoelhado, emitindo gemidos inefáveis. Era a primeira vez que eu tinha contato com o meio gay fora dos ambientes da Igreja, mas, ironicamente, por intermédio dela. Sim, a própria Igreja, por meio de um de seus ministros, me apresentou o "mundo gay" propriamente dito, e sou grato a ela por isso. Naquela noite, fiquei encantado com o suingue do som genuinamente gay, com as *performances*, com a liberdade que me havia sido negada até então. Aquela experiência me mostrou que eu não precisava da Igreja para ser feliz. Mas ainda não estava pronto. Precisava de tempo para me libertar do que acreditava ser o único caminho possível. Lá conheci um rapaz que ficou assustado ao saber que minha companhia estava havia horas no *dark room* e que se tratava de um clérigo católico. Estar naquele ambiente cercado de homens que viviam sua sexualidade de forma natural, como deve ser, me abriu a mente. Vi possibilidades, outros mundos possíveis.

Depois viajei com esse mesmo padre para outro estado, ocasião em que me ensinou suas técnicas de flerte ao abordar garotos pobres nas ruas. Ele atraía esses jovens oferecendo-lhes o sagrado dinheiro que conseguia com as ofertas nas missas. Numa dessas oportunidades, levou-me para um motel com dois desses garotos (pagos por ele), que tinham por volta de vinte anos e eram aparentemente héteros. Esses rapazes estavam numa feira vendendo cinturões, o padre os viu, aproximou-se da banca e começou a fazer piadas referentes ao cinturão, relacionando-o a sexo, e, por fim, convidou-os para um passeio mais à noite. O jogo de palavras deixava claro que ele queria algo além de um passeio, sendo rapidamente compreendido pelos rapazes, que levaram na brincadeira, mas prontamente anotaram o número de telefone e o entregaram ao sacerdote. À noite, e em local combinado, nós os encontramos. Eles foram deitados no banco de passageiros do carro, para não serem vistos até passarmos pela recepção. Após uma hora de entretenimento sexual, o padre os pagou, entramos no carro e ele os deixou próximo de onde moravam.

Dias depois de ter ficado vários dias comigo, esse padre me "emprestou" para dois padres amigos, como verdadeiro objeto de uso entre sacerdotes. Um deles, muito romano (apegado ao rito) e liturgista, apegado a rendas e panos, era cerimoniário (responsável por organizar as liturgias) do arcebispo. Em 2018, anos após eu ter saído da Igreja, encontrei-o por acaso numa sauna gay em São Paulo. Perplexo, fingiu não ter me visto. O outro padre para o qual fui "emprestado" era um desses sacerdotes midiáticos. Para a consumação do ato, pegamos um ônibus na rodoviária e viajamos horas até um hotel em outra cidade, onde ninguém o conhecia. Ao final, me deu cem reais como recompensa, como quem diz: fique calado que será sempre recompensado com o dinheiro da Igreja.

Eu tinha sentimentos mistos em relação a tudo isso. Por um lado, havia o desconforto de ser tratado como um objeto, "emprestado" de um padre a outro, como se minha individualidade não tivesse importância. Por outro, a realidade me parecia clara: aquele talvez fosse meu lugar. Eu era um garoto pobre, gay e profundamente religioso, vivendo num ambiente onde poder e aparência muitas vezes importavam mais que a essência. Aceitar essa dinâmica era, de certa forma, uma tentativa de me encaixar.

As viagens com esses padres me proporcionavam experiências que eu jamais teria sozinho. Percorríamos cidades do interior, sempre recebidos com mesas fartas e hospitalidade. Em muitos momentos, eu me sentia bem: prestigiado por estar ao lado de sacerdotes tão influentes, alguns deles figuras públicas, que apareciam frequentemente em TVs católicas. Havia algo quase sedutor na forma como eu era integrado ao seu círculo, ganhando não apenas mimos e conforto, mas também uma espécie de reconhecimento social, ainda que indireto.

Ao mesmo tempo, a contradição interna era inevitável. Sentia-me confuso, hipócrita e, paradoxalmente, privilegiado. Enquanto me culpava por participar desse sistema, justificava meus atos pensando que, um dia, tudo mudaria. Talvez a culpa passasse ou o contexto se tornasse diferente. Naquele momento, porém, parecia impossível recusar o convite de homens que exerciam tanto poder, que carregavam o peso do sagrado, mas que também alimentavam suas próprias contradições humanas.

Hoje, olhando para trás, percebo como esses sentimentos ainda são difíceis de organizar. As experiências se misturam, assim como as emoções que elas despertaram. Era um ciclo de confusão e aparente aceitação, de ganho e perda, que, por anos, eu tentei compreender — e que ainda hoje continua me desafiando.

Além de presentes, viagens e dinheiro, havia o prestígio de sempre estar ao lado desses padres, podendo ajudá-los durante as missas como acólito e ganhar a admiração das pobres almas alienadas que acabam por sustentar, sem saber, essa rede de prostituição católica. É um ponto delicado, pois muitas dessas pessoas são assalariadas que doam seu dízimo, ofertas, donativos e tempo de trabalho voluntário para uma Igreja que muitas vezes zomba delas. Não são todos os padres e bispos que fazem isso, obviamente, mas grande parte. No púlpito, um discurso em favor do despojamento e da simplicidade que acaba por ter seu reconhecimento financeiro. Na prática, esse reconhecimento monetário serve para a manutenção do que o discurso condena. Paradoxal, mas necessário para preservar o poder hipócrita.

Após tantas viagens, recebi, no início de 2013, o convite de um padre que conheci no Facebook e passei cinco meses em experiência vocacional como seminarista na Sociedade Joseleitos de Cristo, uma congregação brasileira. Contudo, ingressei decidido a não ficar muito tempo. Queria apenas fazer uma passagem e, mais uma vez, não participei de nenhum retiro vocacional ou acompanhamento para integrar o seminário. Fundada no Nordeste do Brasil, a pequena congregação administrava a paróquia do bairro em que nasci, em Belém do Pará. Lá fui batizado, em 1992, sob a intercessão do padroeiro, o popular São Jorge. Porém, o seminário não ficava no Nordeste nem no Pará, mas no interior do Rio de Janeiro, na fria Nova Friburgo. Mais uma vez me deparei com uma turma majoritariamente gay, se não totalmente. As gangues se formaram novamente e os *affairs* começaram a aparecer, mas sem repressão. Parte do *script* se repete em todos os seminários. Tive "ficantes", fiz amigos. A vivência gay no seio da Igreja se mostrou banal e inabalável, mais uma vez.

O formador era tranquilo e tolerante, só pedia prudência. Diferentemente das agruras que vivi na CMPS, nos joseleitos minha experiência foi plácida até demais. Seguidores da Teologia da Libertação, seus métodos em nada se pareciam com os da CMPS, que se baseavam na coerção e no apelo psicológico. Passava os fins de semana na zona rural, visitando capelas para o que chamavam de "celebração da palavra". Como não havia padres suficientes naquela região do estado do Rio de Janeiro, os seminaristas acabavam assumindo muitos trabalhos pastorais, dentro das possibilidades de ministros ainda não ordenados. No geral, minha experiência nos joseleitos foi boa, mas, como já adiantei, não entrei lá com planos de permanecer muito tempo. Almejava ingressar num seminário tradicionalista, por ser muito apegado aos detalhes da liturgia e aos tecidos caros e às belas rendas, tão característicos do conservadorismo litúrgico.

11

Os tradicionalistas

E m minha peregrinação pelas diversas correntes do catolicismo romano, cheguei ao ápice. Para quem foi seminarista em ambiente da Teologia da Libertação e da Renovação Carismática Católica, alinhar-se aos tradicionalistas é o extremo do extremo. Na verdade, existem grupos até mais extremistas que os tradicionalistas, que não reconhecem nenhum papa depois de Pio XII e se veem como autênticos católicos. Conforme aquilo a que estamos habituados na sociedade brasileira, é importante frisar que, no contexto católico romano, conservador não é o mesmo que tradicionalista. Tentarei esclarecer.

Além do que falei no Capítulo 6, tradicionalistas, como o nome já diz, são católicos que se consideram fiéis à tradição. Possuem forte apego à liturgia unificada pelo Concílio de Trento (1545–1563) e por isso defendem a "missa de sempre"[16] (missa na forma extraordinária ou missa tridentina), são antimodernistas[17], conspiracionistas em muitos casos, adeptos fervorosos dos tecidos caros e vistosos, das rendas e babados e do rosário. Moralistas extremados, consideram-se os eleitos, os únicos católicos verdadeiros, e são militantes contra a "missa nova" e a "protestantização"

---

16 No pequeno livro *A herança doutrinária* de *D. Marcel Lefebvre*, o padre Paul Aulagnier se opõe à missa nova ao afirmar que o monsenhor Lefebvre "viu nessa reforma da Missa perpetrada pelo Concílio Vaticano II um novo perigo para a Igreja, um perigo na transmissão do que NSJC realizou na Quinta-Feira Santa na instituição da Santíssima Eucaristia".

17 O papa Pio X é conhecido por ter combatido o "modernismo" durante seu pontificado. Ele publicou uma encíclica chamada *Pascendi Dominici Gregis*, definindo o modernismo como a síntese de todas as heresias.

da Igreja. Odeiam a TL e a RCC, costumam ter zelo pelos estudos, veem-se como "modestos", e não caretas, conhecem a vida dos santos pré-conciliares de cabo a rabo, e as mulheres que frequentam suas igrejas vestem saia e usam véu. No entanto, são malvistos pela maioria esmagadora do episcopado, são poucos (ainda que nos últimos anos tenham crescido consideravelmente) e agem como seita. O som do órgão os leva a uma espécie de orgasmo espiritual e a arte sacra os encanta. Para eles, ser minoria soa como dádiva. São, como dizem, "a verdadeira Igreja de Cristo". Mas, por incrível que pareça, mesmo com toda essa convicção de santidade, zelo e outras qualidades, a maior parte deles é formada por gays enrustidos. Os gays tradicionalistas são apenas mais uma facção homossexual dentro da Igreja — aliás, uma das mais combativas.

Servindo como acólito em missa tridentina no interior do estado de São Paulo.

O maior expoente do movimento tradicionalista foi o polêmico bispo francês Marcel Lefebvre (1905–1991), da Congregação do Espírito Santo, uma figura que admirei profundamente, por sua postura desafiadora.

A vida secreta dos padres gays

Resumidamente, ele não aceitou as mudanças implantadas pelo Concílio Vaticano II e fundou a Fraternidade Sacerdotal São Pio X[18] para a preservação da missa antiga. Como sinal máximo de resistência e rebeldia, sagrou novos bispos sem autorização papal, o que o levou a ser excomungado automaticamente.

Após minhas experiências anteriores, e já desiludido com quase tudo, encontrei amparo no radicalismo católico. Fiquei encantado com a liturgia impecável, do canto gregoriano às rendas, do incenso aos véus, do latim aos tapetes vermelhos. Acolhido entre os tradicionalistas como um *convertido* ao catolicismo fidedigno, imaginei que finalmente havia me encontrado. Supus que talvez naquele meio conseguisse, de fato, extirpar o demônio da homossexualidade de uma vez por todas, pois vivia em eterno conflito interior. Ledo engano.

Traumatizado com a CMPS de Mococa, e após fazer amizade com inúmeros padres e leigos tradicionalistas, não tive dúvidas de que finalmente tinha me encontrado. Para contextualizar, preciso voltar ao ano de 2010, ao noviciado orionita em Brasília. Naquele ano, tive aulas de história da Igreja com dois piedosos senhores, pai e irmão de um padre da fraternidade tradicionalista conhecida como Instituto Bom Pastor (IBP). Aquele primeiro contato me trouxe uma nova perspectiva de catolicismo. Obviamente, durante as aulas eles exaltavam o IBP, a missa tridentina e o seminário europeu onde seu familiar havia se formado. O modo apaixonado como eles falavam da Igreja era muito diferente do que eu estava acostumado a ouvir no seminário de vertente progressista. Por mais estranho que pareça, tínhamos aulas com dois tradicionalistas dentro de um seminário progressista. Explicarei o motivo.

A família de professores era economicamente privilegiada e ajudava o seminário orionita com doações. Em troca, o mestre de noviços rezava a missa tridentina para eles, e nessa relação de amizade tinham liberdade para dar aulas no seminário. Os noviços, a maioria de linha progressista, tratavam aquelas aulas com desdém, sempre com críticas a favor de uma igreja mais *pé no chão*. Restavam cerca de cinco seminaristas, a facção gay dos liturgistas, com maior abertura para ouvi-los. Entre eles, eu.

---

[18] Segundo o padre Aulagnier, em seu livro, monsenhor Lefebvre tinha uma preocupação enorme com a crise sacerdotal que abalou o clero nas décadas de 1960 e 1970. De acordo com o autor, em 1º de novembro de 1990, o bispo declarou: "Fazer bons padres, é para isso que a FSSPX foi fundada".

Esse apego ao rito, aos detalhes e à organização pode ser uma das características dos gays das quais a Igreja se beneficia. Por outro lado, essa mesma paixão, muitas vezes fanática, serve para mascarar questões sexualmente mal trabalhadas. Cabe destacar que nem sempre isso acontece por escolhas conscientes, mas por mecanismos quase imperceptíveis, que garantem a sobrevivência do religioso na instituição. A Igreja, perseguidora de gays ao longo da história[19], se torna refúgio desses mesmos gays e é alimentada com as qualidades deles. Surpreendente, mas é um ciclo revoltante, que vai da acusação à negação, da negação à utilização, da utilização à manutenção. Em muitos casos, o gay precisa do seminário para sobreviver, e a Igreja não pode recusar gays se quiser se manter. Nessa relação promíscua, um usa o outro em nome da própria existência, em nome do poder.

Voltando ao contato com os tradicionalistas, desde o noviciado fiquei curioso em conhecê-los melhor, mas, ao sair dos orionitas, fui primeiro ter a experiência num seminário de linha carismática. Porém, a vontade de conhecer um seminário tradicionalista sempre me acompanhou. Quando saí do convento das loucuras em Mococa e estive por uns meses no Pará, gastei todas as minhas energias em conhecer melhor os tradicionalistas e a missa tridentina e em criar uma grande rede de contatos. De contato em contato, acabei conhecendo vários membros da Associação Cultural Montfort (grupo católico ultratradicionalista formado por egressos da Tradição, Família e Propriedade [TFP]). Os membros dessa associação católica, que funciona como seita, são ferozmente contrários ao Concílio Vaticano II e à missa nova pós-conciliar. Todavia, apesar das inúmeras críticas aos rumos da Igreja desde o papado de João XXIII, eles não são sedevacantistas[20]. Buscam manter certa comunhão com Roma.

Passei a conviver com vários desses católicos fervorosos, conheci a missa tridentina com mais profundidade e em sua riqueza simbólica, estética e litúrgica, criei páginas de divulgação dessa liturgia e me tornei um militante da causa.

---

19 O martírio do indígena Tibira do Maranhão é conhecido como o primeiro caso de homofobia documentado na história do Brasil. A participação da Igreja Católica no ato cruel é confirmada por fontes documentais e analisada em obra recentemente publicada. "Aí então o missionário Évreux nos fornece detalhe crucial dessa história da perseguição homofóbica no Brasil: que os franceses procuravam os praticantes dessas torpezas — homoerotismo — para os matar e assim limpar o Novo Mundo de tais sujidades através da candura e limpeza das Sagradas Escrituras e da verdadeira religião católica. Já que, naquela época de Contrarreforma, acreditava-se que *'extra ecclesiam nulla salus'*, fora da Igreja não há salvação!" (MOTT; MURICY, 2024, p. 215).

20 O sedevacantismo é uma corrente que defende que a Santa Sé não é ocupada por um papa legítimo desde o pós-Concílio Vaticano II.

12

Espaço vocacional

Parte do meu ativismo pró-tradição se dava pela internet. Naquela época não existia esse conceito, mas eu seria o que hoje se chama "influenciador". Criei inúmeras páginas em defesa da missa tridentina entre 2012 e 2013, estimulando as dioceses a implementá-la. Também passei a administrar a página da minha própria paróquia no Pará, sempre tentando inserir conteúdos ligados a um catolicismo mais tradicional. Mas nenhuma dessas iniciativas teve tanto sucesso como a página "Espaço Vocacional", que criei no Facebook no dia 27 de agosto de 2012, como inspiração do mês das vocações.

Sempre fui cercado de pessoas, fosse no grupo de coroinhas, no seminário dos orionitas, na CMPS, nos joseleitos, fosse nos encontros vocacionais de dioceses e congregações. A questão da minha origem, da minha capacidade comunicativa e do meu ativismo, da minha disposição para, como disse um padre, *levantar bandeira,* chamavam a atenção de adolescentes e, mais tarde, de jovens como eu. Já no grupo de coroinhas, atraía inúmeros deles para o seminário, dos quais alguns são padres atualmente, vocacionados que dei para a Igreja. Por ter essa capacidade de conquistar e atrair novas vocações, e aproveitando o início da explosão de redes sociais como o Facebook no Brasil, decidi criar aquela página com o objetivo de apresentar, para jovens de todos os lugares, centenas de congregações e seminários espalhados pelo Brasil e pelo mundo. Não imaginei que meu projeto solitário tomaria as proporções que tomou.

Passei a postar fotos do Google e outras de minha autoria com pequenos textos, apresentando os mais diversos carismas religiosos dentro da Igreja. O número de seguidores e curtidas explodiu. Durante o pico de popularidade da página, ela contava com quase 20 mil seguidores, número significativo para aquele período e público-alvo, especialmente considerando o contexto da Igreja Católica e da pastoral vocacional. As pessoas começaram a ficar curiosas e a tentar descobrir quem estava por trás daquela máquina de postagens diárias. Eram padres? Um grupo de freiras? Ou seria uma grande equipe? Onde conseguiam tantas informações das congregações mais diversas, muitas das quais nunca tinham sequer ouvido falar? Havia fotos até de freiras que usam hábito cor-de-rosa. Aquilo chamava a atenção. Não imaginavam que tudo era pensado e pesquisado minuciosamente apenas por mim. Ideias de textos, fotos, álbuns, vídeos, perguntas sugestivas sobre a temática, enquetes etc. Eu perdia noites de sono naquele projeto. Passei a informar minha rede social particular e criei um enorme grupo de contatos em todo o Brasil e até fora do país.

Durante um período de um ano e meio, montei uma equipe com mais de vinte pessoas (a grande maioria formada por garotos gays) que colaboravam com a página "Espaço Vocacional", cada um à sua maneira. As postagens passaram a ter selo próprio, ficaram mais elaboradas e profissionais. Foram criados grupos no Facebook e passamos a rezar o terço pelas vocações por meio do Skype. Fiquei mais conhecido. Figuras da direita conservadora me procuraram, inclusive futuros integrantes do governo Bolsonaro. Os encontros virtuais passaram a ser presenciais, e estive pessoalmente em alguns. Os meus seguidores mais fiéis estavam presentes. No Rio de Janeiro e em São Paulo, esses encontros da página tinham até camiseta oficial, tudo registrado com fotos. Muitos dos membros mais próximos passaram a me chamar de "pai fundador", em alusão aos criadores de ordens religiosas da Igreja Católica. Virei um ícone religioso para essas pessoas, um espelho, um modelo. E não se trata de autoelogio. Muitos e muitas mandavam-me textos e até cartas com esse tipo de comentário. Ao mesmo tempo que tudo isso acontecia, inúmeros meninos e meninas entravam em conventos e seminários por meu intermédio. Alguns me enviaram, mesmo em tempos não muito distantes, mensagens de agradecimento por ter-lhes apresentado um seminário ou convento.

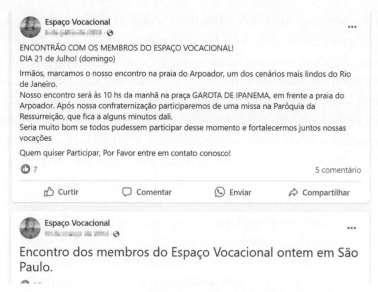

Posts sobre os encontros presenciais do Espaço Vocacional no Rio de Janeiro e em São Paulo.

Encontro dos membros do Espaço Vocacional no Rio de Janeiro.

Na página, era priorizada a divulgação de seminários e congregações de linha mais tradicional. Com o tempo, entre 2012 e 2013, fui me radicalizando cada vez mais no tradicionalismo, e minha página, e obviamente meus "filhos" e seguidores mais zelosos, passou a percorrer o mesmo caminho. O que era para ser um grupo virtual e presencial de busca de vocações tornou-se um agregado de fanáticos quase que em surto coletivo. Passamos a defender apenas a missa em latim e o uso do véu, das saias e dos vestidos pelas mulheres. Os ataques à RCC e à TL eram diários, enquanto as brigas nos comentários e mensagens privadas viraram rotina. Quanto mais eu convivia com tradicionalistas da Associação Montfort, mais me radicalizava e influenciava aquela legião de jovens a fazer o mesmo. Em Franca e em Mococa (voltei a Mococa algumas vezes, pois, coincidentemente, conheci tradicionalistas de lá) conseguimos convencer alguns padres a atender nosso grupo e realizamos missas tridentinas na casa de famílias e em igrejas. Em Franca, apoiei a reabertura de um coral tridentino, divulgando-o, atraindo novos membros e conduzindo ensaios com eles. Ainda mantenho uma pasta com os cânticos gregorianos.

Durante os intervalos desses encontros, havia relacionamentos afetivo-sexuais entre os membros da página. Um desses garotos que se envolviam com membros da *fanpage* atualmente é sacerdote. Havia, ainda, as histórias que aqueles adolescentes vinham me contar sobre troca de fotos de nudez com outros integrantes. Perdi a conta de quantos daqueles vocacionados ao sacerdócio e à vida religiosa me pediram, poucas horas após rezarmos o terço via Skype, que eu me despisse e nos masturbássemos via *webcam*. Toda essa contradição era alimentada regularmente, me deixando cada vez mais confuso, perturbado, incoerente, falso, triste, infeliz, indeciso. Estava sendo desonesto comigo mesmo, mas não estava só: havia uma legião de rapazes gays com os mesmos comportamentos, o que possivelmente fortalecia esse ciclo. Atualmente, alguns deles estão casados com outros homens e outros são sacerdotes.

Em Mococa, numa dessas viagens, conheci um seminarista gay do Instituto Bom Pastor. Esse seminarista, juntamente com os conhecidos da Montfort, passaram a me incentivar a conhecer a instituição. Acreditavam que eu me encaixaria perfeitamente lá, por ser piedoso, militante, e ainda tinha o dom divino de arrastar dezenas de vocacionados e vocacionadas para onde quer que eu fosse.

13

IBP

O Instituto Bom Pastor é minha última parada nessa longa peregrinação tentando me encontrar na Igreja. Se pudermos colocar dois pontos extremos nessa jornada, iremos dos orionitas e joseleitos como os mais à esquerda, conectados à Teologia da Libertação, passando pela CMPS como o meio-termo, e, à direita, os tradicionalistas da Montfort e do IBP, que eram mais radicais e sectários. Não à toa, o IBP nasceu de um cisma. Foi a cisão da cisão. A ruptura está na sua gênese. O instituto foi criado em 2006, sob o pontificado de Bento XVI, por cinco padres egressos da cismática Fraternidade Sacerdotal São Pio X (FSSPX) — que, em seu *site* oficial, repetindo palavras do excomungado Marcel Lefebvre, declara que "sempre [se recusará] a seguir a Roma de tendência neomodernista e neoprotestante que se manifestou claramente durante o Concílio Vaticano II e, após o concílio, em todas as reformas que dele se originaram"[21]. No entanto, nasceram em total comunhão com Roma, já que o pontificado de Bento XVI favoreceu o desenvolvimento dos tradicionalistas. Seu carisma gira em torno da defesa e da preservação da missa tridentina e da *hermenêutica da continuidade*,

---

[21] Disponível em: https://www.fsspx.com.br/sobre-a-fraternidade-sao-pio-x/.

oferecendo críticas construtivas às inovações do Concílio Vaticano II, segundo consta em seus sites oficiais.[22]

Toda essa radicalidade me chamou a atenção. Esse espírito de rebeldia, essa audácia de Lefebvre e dos seus me encantavam. Animado, fiz contato com o seminarista gay do instituto que havia conhecido no interior de São Paulo. Meses depois, fui convidado a participar do Congresso da Associação Montfort no Mosteiro de São Bento, em São Paulo. Foi um grande encontro. Havia tradicionalistas de várias partes do Brasil e até de outros países, todos unidos na militância contra o que chamavam de "protestantização" da Igreja. Muitos rostos que só conhecia pelas fotos das redes sociais finalmente vi ao vivo e em cores. Meu espanto foi saber que, mesmo no meio radical tradicionalista católico, os gays eram a maioria absoluta. Alguns deles eram assumidos para com os mais próximos e diziam viver em constante luta contra o "pecado". Até hoje alguns deles me mandam mensagens dizendo que continuam sendo tradicionalistas, ainda que gays. Eu convivi no meio deles e os conheço. No congresso, reencontrei o colega que conhecera em Mococa, dessa vez acompanhado do *abbé* (padre, em francês) Paul Aulagnier (1943–2021), reitor do seminário do IBP na França. Guardo as fotos desse evento até hoje. Para mim, foi histórico o fato de ter sido apresentado a um dos braços direitos do célebre *monseigneur* Lefebvre.

Não guardo queixas quanto àquele velho padre francês com discurso radical. Lembro que sempre fui bem acolhido e respeitado por ele. Logo de imediato passamos a conversar bastante, tendo como intérprete meu colega seminarista. Esse colega, o preferido do *abbé* no seminário do IBP, chegou a namorar outro rapaz que conheceu lá. Penso que essa rede de contatos facilitou minha rápida aceitação no instituto. Afinal, mais uma vez, não fiz retiro vocacional e fui acolhido de imediato, sem burocracias. Além disso, o tratamento que recebi do padre, seus sorrisos encantadores e sua receptividade facilitaram o processo. De um dia para o outro, eu era seminarista do IBP. Ao contar a notícia para os colegas vocacionados, eles ficaram espantados, pois existia a fama de que o ingresso no seminário

---

22 No site brasileiro do instituto, lê-se um breve resumo de seus objetivos: "O Instituto Bom Pastor é uma Sociedade de Vida Apostólica de Direito Pontifício erigida conforme as normas do direito canônico (can. 731, §1). Seus membros querem exercer o sacerdócio na Tradição doutrinal e litúrgica da Santa Igreja Católica Romana, fiéis ao Magistério infalível da Igreja com o uso exclusivo da liturgia gregoriana na digna celebração dos Santos Mistérios".

francês do instituto era dificílimo. Ao ser admitido, ganhei mais prestígio e respeito nos antros tradicionalistas.

Após o congresso, tive todo o apoio dos membros da Associação Montfort para a viagem à França. Um padre amigo pagou as despesas do passaporte, os custos do seguro, o presidente da Montfort bancou; a passagem foi paga por um conhecido da rede social e recebi de outros associados dinheiro para custos extras. Passei a morar por um tempo na casa do presidente da associação e a receber formação diária sobre temas ligados à tradição. Era tudo incrível. Pela primeira vez, viajaria para fora do país e finalmente moraria, segundo idealizava à época, num seminário verdadeiramente católico. Assim pensei. Logo recebi a carta de recomendação vinda da Europa, e, com ela em mãos, o visto de estudante foi liberado. Era outubro de 2013. Estava ansioso pelo novo e para conhecer a incrível Paris. Ainda que o seminário ficasse no interior da França, na pequena Courtalain, o voo era com destino ao imenso aeroporto da capital francesa. Minha aventura começava bem diferente das outras. Mas, àquela altura, tinha a convicção de que seria a derradeira. Ou seria ali ou não seria mais.

Já com 21 anos, estava cansado de tentar me encontrar no caminho vocacional. Com o tempo, percebi que essa eterna viagem para lá e para cá não era em busca de outra coisa senão a do encontro que eu precisava ter comigo mesmo. Não estava além de mim, bastava conseguir minha autoaceitação enquanto homem gay para verdadeiramente me encontrar. Em todos aqueles seminários, mudava a ideologia que os norteava, mas eu me via sempre cercado de gays e sempre fugindo da minha própria homossexualidade. Isso me afligia, pois não conseguia assimilar a vida dupla da maioria dos meus colegas e a minha como algo normal. Era torturante viver como dois personagens, e não sei como muitos seminaristas, padres e bispos conseguem interpretar um papel a vida inteira, talvez numa eterna fuga de si mesmos. No IBP, eu me radicalizara para chegar ao meu verdadeiro e necessário encontro.

Diferentemente de tudo a que eu estava acostumado, no seminário francês do IBP a disciplina era mais rígida. O dia começava com a oração que era lida num imenso breviário vermelho, quase todo em latim. Na sequência, a missa tridentina me encantava com toda a sua teatralidade (é realmente um ritual muito lindo, preparado em seus mínimos detalhes). Ao tomarmos café, eu me espantava com a maneira de comer dos franceses, que deixavam o pão sobre a mesa sem cobri-lo com uma toalha. Os queijos eram deliciosos, e eu achava o clima frio adorável. Tínhamos aula de latim com um professor britânico — eu conhecia apenas algumas poucas palavras do francês e estava aprendendo latim com um professor que misturava francês e inglês... Por sorte, não era somente eu que estava perdido. Havia seminaristas de outros países, como Itália, Polônia, Chile e Togo. A rapidez com que fui aprovado no IBP não me permitiu fazer um curso de francês, o que era uma grande preocupação minha, mas os padres do instituto me acalmaram, alegando que aprenderia o idioma aos poucos.

Cada seminarista tinha sua função. Fiquei responsável pela lavanderia. Cuidava da roupa de todos os padres e seminaristas — éramos cerca de 25. Lembro-me de um episódio engraçado que ocorreu durante o desempenho de meu ofício, quando um seminarista italiano colocou sua blusa de frio caríssima para lavar, e apenas joguei tudo na máquina, sem separar as peças. Para meu espanto, ao retirar as roupas, vi que a blusa do *ragazzo* havia encolhido muito. Sem saber o que fazer, dobrei-a e guardei-a no armário do moço. Horas depois, alguém estava batendo nervosamente à porta do meu quarto. Ao abrir, eu me deparei com o jovem italiano, muito irritado, que possivelmente me xingava em sua língua materna. A única coisa que pude fazer foi gesticular na tentativa de pedir desculpas, o que não adiantou muito, pois ele ficou dias de cara virada comigo.

A questão da língua, essas pequenas situações de convivência, a distância do meu país e, principalmente, a angústia referente à negação de minha homossexualidade me lançaram numa tristeza profunda logo nas primeiras semanas na Europa. No IBP, como em todos os casos anteriores, a maior parte dos seminaristas era homossexual, algo que ficava evidente no modo como se comportavam. Inclusive, até casais gays foram formados a partir de lá. Não adianta mudar o país, a vertente ideológica, a idade ou a cor do hábito religioso: o colorido do arco-íris estará sempre presente, ele perpassa toda a instituição. Os grupinhos logo estavam formados, as fofocas dos casos de supostos namoros também. Mais do mesmo. Por conta da rapidez com que ingressei naquele seminário, não tive nenhuma experiência amorosa ou sexual, no máximo uma amizade mais intensa com um deles, também brasileiro. Ademais, em seminários tradicionalistas, a repressão à própria sexualidade é muito mais acentuada que em seminários de linha

A vida secreta dos padres gays

moderada ou progressista. Em outras palavras, não é que nesses seminários tradicionalistas não existam gays, eles são apenas mais reprimidos ou autorreprimidos. Mesmo assim, muitos deles ultrapassam os rigores da repressão em nome de alguma satisfação sexual ou realização amorosa.

Por conta da crise em que me encontrava, e já esgotado em razão da busca do meu eu, decidi, apenas um mês após o ingresso no IBP, regressar ao Brasil. A primeira coisa que fiz foi conversar com o padre Paul, que, em diversas ocasiões, negou-se a me conceder a liberação. Pediu-me que refletisse melhor antes de tomar uma decisão. De fato, não é sábio tomar decisões importantes em momentos de crise, mas a minha já se arrastava havia anos. As experiências, o autoflagelo, a anterior apresentação ao universo gay pelos padres e a vida dupla me empurravam no sentido de tomar a minha grande decisão. Eu precisava passar por todos esses estágios, conhecer gente com todo tipo de ideologia dentro do catolicismo, experimentar situações diferentes e até fugir de mim. Porém, a hipocrisia e o radicalismo moral não me faziam bem. Não sentia que estava vivendo de verdade, de forma íntegra e autêntica.

Após muita insistência, consegui a liberação para voltar ao Brasil. Aqui, vale repetir: nunca fui expulso de nenhum lugar por onde passei. Esclareço isso, pois, tendo abandonado definitivamente minhas aspirações à carreira na hierarquia da Igreja Católica, muita gente comentou que eu provavelmente teria sido expulso dos seminários em que morei. Isso nunca aconteceu. Ao contrário, sempre insistiram para que eu ficasse, até mesmo quando eu não queria. Guardo cartas de recomendação de padres que foram meus superiores. São provas documentais contra quem porventura queira descredibilizar meus posicionamentos.

14

De volta ao Brasil, ao encontro do meu eu

V oltar ao Brasil não foi tão rápido como imaginei. Com os poucos euros que tinha recebido do reitor do seminário, reservei uma diária num hotel três estrelas no bairro de Montparnasse, pois viajei do interior da França para a capital um dia antes do voo. Ansioso por liberdade, e mesmo com muitos conflitos interiores por estar abandonando a vocação, aproveitei para ir a uma sauna gay que havia pesquisado no Google e, para minha surpresa, lá conheci um ex-seminarista do Instituto Cristo Rei e Sumo Sacerdote, outra instituição católica ultratradicionalista. Esse colega francês magro e alto partilhava as mesmas dores e desilusões com a Igreja. Ele me contou que agora dava aulas de Filosofia em colégios de Paris e que se permitia vivenciar sua sexualidade de maneira mais honesta. Conversamos, "ficamos" e, ao final, ele decidiu me apresentar uma boate gay num bairro distante, de onde logo foi embora, a fim de descansar e trabalhar no dia seguinte. Após passar a noite na boate, voltei para aquele velho e bem localizado hotel. Para minha infeliz sorte, por um equívoco na comunicação, perdi o voo que sairia do enorme aeroporto Charles de Gaulle. A passagem havia sido comprada por uma amiga do Facebook que se compadecera de minha aflição, e não observamos as comandas de compra da maneira correta. O próximo voo

A vida secreta dos padres gays

seria dali a dois dias. Sem dinheiro suficiente, tive que passar os dois dias dormindo no aeroporto. Foi uma situação aflitiva, nada comparada à paz que tive ao pisar em solo brasileiro novamente.

O voo tinha como destino o aeroporto internacional de Guarulhos, e não tive condições financeiras de voltar ao Pará. Assim, morei alguns meses com padres amigos no interior de São Paulo. Durante esse tempo, fui mantido na casa paroquial, enquanto procurava emprego pela internet. Retomei meu ativismo virtual por meio de minhas páginas, postando ainda de maneira favorável ao tradicionalismo, mas já bem desanimado. Muitas daquelas pessoas do movimento tradicionalista passaram a me cobrar explicações sobre minha volta repentina, e me vi persuadido a dar satisfações, o que de certa maneira era justo, já que tinham depositado tanto crédito em mim. Com o passar dos meses, fui reduzindo minha frequência às missas. Em seguida, mudei-me para a cidade de São Paulo e passei a morar com um colega do Pará — e seu companheiro — que havia conhecido pelo chat UOL anos antes. Esse colega, na época em que nos conhecemos, ainda morava no Pará, mas depois mudou-se para a capital paulista em busca de novas oportunidades, quando conheceu seu então marido.

Com a mudança de cidade, decidi dar um rumo definitivo à minha caminhada. O trabalho como atendente de telemarketing e logo depois como auxiliar administrativo, a licenciatura em História, os muitos jovens gays que conheci, as primeiras paixões e namorados fora da Igreja, as obrigações de adulto e a experiência da liberdade me levaram a me distanciar cada vez mais da religião. As experiências traumáticas, as minhas próprias incoerências, a descoberta do novo e o acesso a novos conhecimentos e informações na graduação me fizeram repensar a necessidade da crença em Deus. Novas leituras, novos círculos de pessoas além das ligadas à religião, novos rumos. Passei a questionar se realmente tinha fé, ou melhor, se fazia sentido tê-la. Um grande professor, que também era pastor da Igreja Batista, me apresentou obras que abriram minha mente para um universo ainda desconhecido. Ele falava de Freud com bastante entusiasmo em suas aulas, inspirando-me a querer conhecer esse autor, principalmente quanto à religião. Assim, tive contato com a obra *O futuro de uma ilusão*, uma das leituras que me fizeram começar a compreender a religião como um fenômeno cultural, e que, para Freud, era fruto de uma necessidade psicológica.

No segundo semestre de 2014, decidi sair da Igreja de forma definitiva, anunciando solenemente a decisão em minhas redes sociais. Troquei a equipe da página Espaço Vocacional por um colaborador ateu. Passamos a postar textos, fotos e vídeos de cunho ateísta e agnóstico. A reação, logicamente, não foi boa. Recebia muitos textos violentos, outros com ameaças, e era cotidianamente "elogiado" como "apóstata". O ódio que recebi me deixou mais convicto de que estava no caminho certo, aquele que neguei e do qual me desviei desde muito cedo em nome de um mentiroso chamado divino. Digo mentiroso porque não acreditava mais em vocação, em eleições divinas, predestinações etc. O verdadeiro e único chamado de que eu sempre precisei foi a caminho da minha autoaceitação. Integrar minha sexualidade era o que precisava para não ter mais tanto ódio de mim (existe maior posição de auto-ódio que seguir uma religião que o repudia enquanto ser humano?) e me encontrar, como naquela passagem do Evangelho: "Pois este meu filho estava morto e tornou a viver; estava perdido e foi reencontrado" (Lc 15, 24).

Em 2016, já em minha segunda graduação na USP, em Pedagogia, continuei a conhecer posições ateístas de outros autores importantes, como Feuerbach. Existia vida fora da religião, e isso não era qualquer coisa.

PARTE II

A igreja gay

O homem que se deitar com outro homem como se fosse uma mulher, ambos cometeram uma abominação; deverão morrer, e o seu sangue cairá sobre eles.
Lv 20,13

1

Introibo ad altare Dei [23]

Q uando deixei a Igreja e o catolicismo, percebi que outros tantos haviam feito caminho semelhante e que a questão da homossexualidade dentro da instituição não era uma novidade e muito menos algo completamente desconhecido da imprensa ou de estudiosos. Fui descobrindo a bibliografia sobre o tema e eu mesmo passei a conversar com gente que havia deixado a carreira religiosa ou que, se permanecia nela, vivia uma sexualidade clandestina ou hipocritamente a condenava. Esta segunda parte do livro, pois, é resultado de minhas leituras, reflexões e conversas sobre a homossexualidade no âmbito do clero católico, especialmente o brasileiro.

Não é de estranhar que uma investigação de tema tão controverso e específico careça de diversidade de fontes que não sejam enviesadas pela Igreja. Não há tantos livros independentes, filmes etc. sobre homossexualidade no clero católico, principalmente o brasileiro. Talvez seja um sinal de que a Igreja esteja fazendo um ótimo trabalho de encobrimento. Mas, ainda que ela se esforce para tal, há várias iniciativas que abordaram a sexualidade clerical e dos seminaristas, não necessariamente relativas à homossexualidade. Alguns desses trabalhos acabam por tratar da questão gay como subtema.

---

[23] "Subo ao altar de Deus".

A cultura do sigilo é regra necessária para a manutenção no sacerdócio católico. Por exemplo, não se tem notícia de padre gay atuante assumido de forma espontânea no Brasil, mesmo os sacerdotes homossexuais sendo a maioria absoluta, de acordo com a literatura pesquisada e com minha experiência. Se há gays que não são padres lutando para se manter trancados em seus armários, um gay que é padre precisa de cuidado redobrado ao se esconder para sobreviver.

A pesquisa para este livro se deu a partir de fontes distintas: livros-reportagem (inclusive livros publicados por editoras católicas), autobiografias, documentários, jornais, revistas, narrativas ficcionais, filmes diversos, entrevistas com especialistas, membros e ex-membros do clero, de seminários e de casas religiosas, documentos oficiais da Igreja, notícias, reportagens, dezenas de livros e outros materiais. Grande parte dos livros consultados limita-se a tratar da homossexualidade do clero apenas em capítulos específicos ou em breves citações, mas vale salientar que são escritos, em sua maioria, sob a ótica religiosa católica. Os autores, muitas vezes padres, sempre buscam justificativas e explicações que estejam em concordância com o que a Igreja defende. Certamente alguns deles são mais progressistas e têm opiniões que tentam conciliar com a aceitação parcial da homossexualidade, desde que celibatária, e outros pouco ou nada falam a respeito. Há também textos carregados de preconceitos, contradições e confusões conceituais com relação à homossexualidade. A ortodoxia de Roma impõe, muitas vezes, severas penas aos que ousam desafiá-la. Em documento da Congregação para a Doutrina da Fé assinado pelo então cardeal Joseph Ratzinger — que viria a ser o papa Bento XVI —, lê-se a seguinte notificação à irmã Jeannine Gramick e ao padre Robert Nugent, ambos ativistas dos direitos LGBT dentro da Igreja: "...a Congregação para os Institutos de Vida Consagrada e as Sociedades de Vida Apostólica ordenaram-lhes que abandonassem de forma completa a *New Ways Ministry* (um ministério de defesa e justiça para católicos LGBT), acrescentando que não poderiam exercer qualquer apostolado sem apresentar fielmente a doutrina da Igreja sobre a maldade intrínseca existente nos atos homossexuais" (Congregação para a Doutrina da Fé, 1999). Irmã Jeannine e padre Robert foram sistematicamente perseguidos por não reproduzirem a homofobia institucional e por terem trabalhado durante anos em apostolado com pessoas LGBT. Em 2022, os trabalhos e a luta de ambos foram reconhecidos pelo papa Francisco.

No livro *Operários da fé: o padre na sociedade brasileira*, de José Carlos Pereira — ele mesmo um sacerdote católico —, o autor afirma que, em sua recente e exaustiva pesquisa junto ao clero brasileiro, 94,4% dos entrevistados — e foram quase dois mil — disseram não ter dúvidas quanto à sua identidade afetivo-sexual. A constatação é ambígua, pois estar certo de sua identidade afetivo-sexual pode indicar tanto a heterossexualidade quanto a homossexualidade ou a bissexualidade. Mas o mesmo autor afirma, reconhecendo a ausência de base empírica para tal: "Desconfio que mais de 50% do clero seja tendencialmente homossexual, mas trata-se de mera suposição, e não há pesquisa confirmando essa conjectura".

O que proponho, entretanto, é outra perspectiva do fenômeno, longe da visão religiosa e construída por um espírito livre, que há muito se emancipou da religião. Não que eu não concorde em nenhum momento com textos escritos por membros da Igreja que abordam a questão, mas o farei de forma independente e sem a estrita pretensão de atender aos dogmas religiosos e ao que diz a Bíblia. O debate só pode atingir maior autonomia e espírito crítico se não for refém de instituições doutrinadoras de corpos e mentes. Este é um texto para os espíritos livres, para quem se permite pensar além da norma religiosa. Não é dogmático, não se pretende como verdade absoluta, pois quem prega isso é a Igreja. Caminho de forma semelhante à ciência, aberto ao novo, a correções, a sugestões e a melhorias. Este texto não é a resposta final, mas uma contribuição para um debate maduro e para futuros estudos. Pode ser uma ponte[24] de comunicação entre a comunidade LGBT com a Igreja ou pode ser algo difícil de engolir, atraindo acusações de todo tipo.

---

[24] No livro *Construindo uma ponte*, o padre jesuíta James Martin defende o diálogo entre a comunidade LGBT e a Igreja institucional.

2

Entre panos e rendas

A Igreja foge dos escândalos ao mesmo tempo que fetichiza os termos "gay" ou "homossexual". Em 2015, porém, mais um episódio escandaloso marcou sua história recente, provocando furor midiático e pânico na alta cúpula da instituição. Um sacerdote que atuava na Congregação para a Doutrina da Fé, órgão da Cúria Romana responsável pela defesa da doutrina católica, assumiu-se gay publicamente e apresentou seu namorado. Às vésperas do Sínodo da Família, o padre polonês Krzysztof Olaf Charamsa, que também era professor de prestigiadas universidades católicas, acalorou os corredores dos conventos com sua postura ousada e inesperada. À revista *Newsweek*, em matéria reproduzida pela Deutsche Welle em 3 de outubro de 2015, ele afirmou que o clero é "preponderantemente homossexual e, infelizmente, também homofóbico".

Após a polêmica exposição, obviamente Charamsa perdeu seus cargos e posteriormente foi suspenso de suas funções sacerdotais. O porta-voz do Vaticano àquela época considerou as declarações sobre a saída do armário "graves e irresponsáveis". O padre não seguiu o código do sigilo. Se tivesse continuado com sua vida dupla, certamente estaria com seus empregos e privilégios clericais até hoje. Em 2017 ele lançou sua autobiografia, na qual escancara a hipocrisia e a homofobia da Igreja já no título autoexplicativo: *A primeira pedra: eu, padre gay, e a minha revolta contra a hipocrisia da Igreja Católica.* A obra é um importante registro e um manifesto de liberação gay para a própria Igreja.

No livro, o padre Charamsa afirma, por exemplo, que "O pontificado de Bento ressuscitou a estética gay de outrora" e prossegue: "O estilo de Bento XVI não me agradava, mas meus antigos amigos homossexuais ficavam simplesmente extasiados porque a igreja estava finalmente voltando a encenar aquele teatro barroco de identidades incertas, misteriosas, fugidias". Alguns gays são sensíveis às questões estéticas e artísticas, unindo o útil ao agradável; sutilmente, utilizam a grandiosa possibilidade estética que a Igreja oferece para mascarar a sua homossexualidade e passar uma aparência de santidade.

Os paramentos — isto é, as longas e vistosas vestes sacerdotais —, os objetos litúrgicos, os gestos solenes, os enfeites e demais apetrechos que integram a liturgia católica permitem que o homossexual religioso externe seu apreço pela delicadeza, pelo senso estético, pela beleza, pelo refinamento, enfim, pelo exercício de uma faceta artística que, em outra circunstância, e particularmente do ponto de vista do machismo brasileiro, seria visto como "coisa de veado". Protegido pela condição de padre, o gay não precisa temer seu gosto pelas alfaias, por tecidos luxuosos e rendas elaboradas. É o que toda a minha experiência me ensinou. Toda a *performance* litúrgica e estética, que culturalmente seria considerada feminina fora do contexto religioso, atraía homossexuais e dava-lhes segurança ao externá-la. O depoimento do padre Beto, um dos entrevistados para este livro, vai totalmente ao encontro da análise do padre Charamsa, ao afirmar que tais padres, com esse exagerado apego ritualista, serviam-se desse expediente para de alguma forma exercer uma faceta de sua homossexualidade, ainda que sublimada. É também o que o psicólogo William Cesar Pereira, ao escrever sobre os sofrimentos psíquicos dos presbíteros, afirma: "As escolhas pastorais contemporâneas mais apontadas em nossa pesquisa foram as celebrações litúrgicas, justificadas pela beleza, o brilho das cores, os movimentos, a coreografia, a música que envolve a estética do corpo e outros aspectos similares". O autor também exemplifica seu enunciado com o depoimento de um formador de seminário, que relata casos em que a homossexualidade é visível, mas reprimida, e que esses candidatos sentem-se identificados com o feminino. Menciona inclusive a fantasia inconsciente que eles têm de se tornar "freiras". De fato, lembro-me de, não raro, ouvir de colegas seminaristas: "Se eu tivesse nascido mulher, seria freira". O formador completa criticando o que chama de "coisa de ficar mexendo com pano, pregas e sacristia". Pereira reafirma que muitos desses aspectos atraem os gays, desde as vestes até as possibilidades de protegerem suas relações.

O apego aos tecidos e às rendas não é apenas uma cobertura material, mas também simbólica. Quanto mais pano, mais se tem a esconder. Quanto mais renda, mais se enfeita o pavão exuberante e intimidador. Essa estética ao mesmo tempo camufla e exercita a homossexualidade clandestina. Mas, além de tudo, esse apego ao aparato litúrgico, de preferência caro e vistoso, demonstra um poder coberto com o manto do sagrado e do incorruptível. Quem porventura ousará desconfiar de tanta solenidade, de tanto zelo, de tanto rigor com a aparência e a seriedade com as coisas de Deus? Em casos extremos, como o do conhecido cardeal norte-americano Raymond Burke, expulso de sua residência no Vaticano em 2023 pelo papa Francisco, que também lhe cortou o salário, o uso da "capa magna" — volumoso, solene e luxuoso manto com extensa cauda, de uso exclusivo de cardeais e bispos — rouba tanto os holofotes que o último a ser noticiado é Jesus Cristo. Não é difícil encontrar notícias em *sites* e *blogs* católicos tradicionalistas exaltando o uso da vestimenta pelo príncipe da Igreja. Em 4 de julho de 2012, o *blog Salvem a liturgia* foi um dos que noticiaram o uso da veste pelo cardeal, deixando de fora qualquer fato realmente importante do evento e focando superficialidades: "Capa magna na missa nova? '*Yes, we can*', mostra o Cardeal Burke". O que cada metro da capa magna pretende demonstrar, ou inconscientemente esconder, pode ficar aberto a inúmeras interpretações, mas, com toda a certeza, não exalta uma característica estética culturalmente típica da heterossexualidade masculina fora do contexto religioso. Como afirmou o falecido teólogo José Lisboa Moreira de Oliveira: "Há os que, consciente ou inconscientemente, escondem a sua condição debaixo da capa das aparências da ortodoxia, da fidelidade, do rigorismo, do moralismo e das vestes eclesiásticas. Muitos, para disfarçar a sua situação, cultivam formas exageradas de piedade e espiritualismo".

3

O chamado à verdade

Krzysztof Charamsa não foi o único padre a se assumir gay no exterior. Alguns poucos agiram de maneira semelhante. Na Holanda, por exemplo, houve o caso do padre Pierre Valkering, que revelou detalhes de sua orientação sexual em seu livro autobiográfico. O sacerdote posicionou-se na imprensa, sofreu represálias, e a última notícia encontrada sobre o caso diz respeito a uma possível reintegração à Igreja.[25] Em 2019, jornais como *Folha de S.Paulo* e *O Globo* noticiaram que um padre estadunidense de Milwaukee assumiu-se gay para seus paroquianos. Gregory Greiten figurou como um dos sacerdotes homossexuais mais corajosos da década, ao sair do que chamou de "gaiola".[26] A *Folha de S.Paulo*, em 2 de fevereiro de 2002, publicou com destaque: "'Graças a Deus sou gay', declara padre espanhol à revista". A notícia se referia ao padre espanhol José Mantero — falecido em 2018, aos 55 anos —, que resolveu enfrentar a hierarquia da Igreja e se assumir, além de afirmar que não vivia o celibato.

---

[25] O Instituto Humanitas Unisinos publicou, em janeiro de 2020, matéria intitulada "Padre gay dispensado ganha recurso contra a própria diocese". De acordo com o texto, "A demissão ocorreu em julho passado, quatro meses após Valkering ter revelado que era gay durante a missa que celebrava o seu 25º aniversário de ordenação. Ao lançar a sua autobiografia na mesma celebração, o padre reconheceu na época que ele havia quebrado anteriormente o seu voto de castidade. Ele também criticou o "grande elefante rosa", referindo-se à cultura de silêncio em torno da homossexualidade na Igreja Católica". Após a demissão, o padre recorreu e foi reintegrado pelo Vaticano.

[26] "Não é um armário, é uma gaiola, diz padre católico gay sobre a igreja nos EUA", *Folha de S.Paulo*, 18 de fevereiro de 2019.

Apesar de no Brasil não haver padres vivos assumidos publicamente e em exercício do sacerdócio, há alguns exemplos de padres que largaram a batina para se assumir e outros que foram tirados do armário em razão de escândalos públicos. O padre César Moreira é um desses que resolveu se assumir. Ele foi membro do clero da Arquidiocese de Mariana, em Minas Gerais, e se afastou da profissão para se casar com um produtor rural e constituir família. Descobri essa história por meio de um depoimento que Moreira publicou em uma página de ativismo gay autônomo. Ao pesquisar sobre sua história, encontrei apenas uma matéria jornalística de 2015 publicada no *site* do jornal *O Tempo*, que noticiou o fato em 8 de agosto daquele ano. Achei curioso o fato de não ter havido quase nenhuma repercussão nacional ou nem mesmo no estado de Minas Gerais.

Mais recentemente, em 2020, houve um caso que ganhou repercussão maior na mídia, quando um padre abandonou o sacerdócio para se casar com um músico que conheceu em uma rede social. Sérgio Bedin começou a experimentar sua paixão ainda como padre atuante, e logo em seguida decidiu largar tudo e viver com seu amor — o pianista Rogério Koury. Outro detalhe importante dessa história é que, quando o romance começou, o músico era casado com uma mulher.

Em 2006, uma história chamou a atenção de toda a mídia nacional, primeiro, não pela questão homossexual, mas indiretamente apontando para esse aspecto. O padre vocacionista José de Souza Pinto, também bailarino e artista, polemizou ao inovar as liturgias eucarísticas que celebrava na igreja da Lapinha, em Salvador. A polêmica durou vários meses, sendo acompanhada inicialmente por programas e jornais de grande repercussão nacional. Misturando elementos de religiões afro--brasileiras com o catolicismo, o padre desagradou parte dos fiéis da igreja que comandava havia mais de três décadas. As danças nas missas, as *performances* extravagantes, as vestes exuberantes, a maquiagem e seu jeito afeminado atraíam a atenção. Diante da confusão, o religioso concedeu entrevistas defendendo seu estilo nada convencional e rebateu o grupo de fiéis que pedia seu afastamento, alegando que a Igreja estava sabendo e que a CNBB e o então cardeal de Salvador, Geraldo Majella, estavam cientes de seu procedimento. Em um dos momentos mais marcantes dessa história, o padre Pinto se pronunciou bastante emocionado em uma missa, chegando a alegar que queria morrer no altar daquela igreja e que não queria sair de lá. No entanto, após decisão conjunta entre a arquidiocese e o superior da congregação, ele perdeu o posto de pároco e foi privado de celebrar missas e outros sacramentos. A condição para reintegração seria a mudança em suas posturas consideradas "nada ortodoxas".

Em seguida, os jornais e portais repercutiram a rotina do padre, que passou a frequentar boates gays maquiado, inclusive chegando a dar entrevistas filmadas dentro de festas em que apelidava o provincial da congregação de "chupona" e chamava os outros padres de "bichas". Nessa mesma entrevista, disponível no YouTube, o padre se autodenomina "boneca que não brinca em serviço" e elogia o tamanho do pênis dos frequentadores da boate. Em outra entrevista, esta a uma rádio local (disponível também no YouTube), o padre começa a contar detalhes de uma relação sexual que teve com um jovem de 22 anos e logo é cortado pelo radialista. Surpreendentemente, e mesmo diante de uma coleção de polêmicas e escândalos, tempos depois o padre voltou a celebrar missas em uma das paróquias cuidadas pelos vocacionistas e passou a ter uma vida reclusa e longe da mídia. Faleceu em 2019, aos 72 anos, com direito a nota publicada no *site* oficial da Arquidiocese de Salvador.

O fenômeno padre Pinto, porém, até hoje desperta amor e ódio. Basta ler as centenas de comentários em notícias da época e outros escritos presentes em dezenas de vídeos disponíveis no YouTube. Os "excessos" do padre Pinto podem ser sintomas de uma sexualidade reprimida e não trabalhada de forma séria e respeitosa pela Igreja. Tanto que, quando começou a se expressar de forma mais clara, foi silenciado pela hierarquia. A história termina de forma infeliz: aquele que ousou sair do armário em público foi praticamente obrigado a voltar para dentro dele no final da vida. Como tinha muitos anos de sacerdócio e dedicara toda a sua vida a isso, possivelmente ele não teve escolha, a não ser se submeter novamente a uma vida de silêncio e repressão. A Igreja teve seu triunfo ao controlar o quase incontrolável, mas o exemplo do padre José de Souza Pinto, de quebra de paradigmas e transgressão, permanece como sinal claro do que a religião é capaz de fazer perspicazmente para controlar os corpos.

4

Mistérios desvendados no armário do Vaticano

Em 2019, foi lançado um enorme livro-reportagem, com riqueza de detalhes, sobre o tema da homossexualidade no clero em várias partes do mundo: *No armário do Vaticano*, do jornalista francês Frédéric Martel. O interessante desse trabalho, além de muitos outros aspectos, foi a imersão do jornalista no cotidiano de cardeais, arcebispos, bispos, padres etc. A obra não foi alicerçada em uma visão periférica, mas baseou-se em um trabalho completo, feito *in loco*. Martel passa a conviver e a se encontrar regularmente com suas fontes, ganhando a confiança delas. Ele foi além do que poderia ser considerado o básico.

Gay assumido, o profissional trabalhou de forma coerente, dando a palavra a quem desejasse, apontando lados distintos e revelando detalhes da vida secreta do clero gay. Quando lançado, o livro foi duramente atacado — logicamente com discursos que buscavam deslegitimá-lo por meio de comentários na internet, sempre na posição defensiva da "perseguição", da "calúnia" e da "militância". Aliás, é importante trabalhar melhor o conceito de "militância" nesse contexto. Nos últimos anos, tem havido recorrente banalização desse termo. Usa-se a palavra "militante" quase como um xingamento, piada ou deboche. Também não se deve isentar

A vida secreta dos padres gays

de culpa alguns que deturpam o valor desse posicionamento político ao ridicularizá-lo com falácias e exageros sem cabimento em redes sociais como o antigo Twitter. No sentido original, militante é aquele ou aquela que luta em prol de uma causa justa e real. Dessa forma, tentar descredibilizar o autor é apenas uma tentativa de permanecer na zona de conforto que a religião muitas vezes oferece. Há pessoas que preferem não questionar o que lhes foi imposto como verdade absoluta.

Com frases impactantes ao longo da obra, Martel deixa claro de imediato que no Vaticano há, segundo ele, a maior comunidade gay do planeta. Esses gays se organizam em facções, criam mecanismos de sobrevivência, estabelecem trocas de favores, entram em brigas político-ideológicas e têm ambição pelo poder. Certamente não só lá, mas em todas as partes do mundo. O jornalista também constatou que muitos clérigos conservadores e tradicionalistas que discursam contra o casamento gay e as pautas LGBT são, na verdade, homossexuais. Ele deixa claro que não é contra os padres, seminaristas e bispos gays, mas contra a hipocrisia. Não é um livro direcionado a atacar pessoas, mas a combater o sistema perpetuador da homofobia institucional, que atrapalha o avanço de toda a sociedade.

5

Os dons gays a serviço da Igreja

Algo bastante comum nas bibliografias consultadas para embasar este livro é a exaltação das qualidades[27] dos padres, religiosos, bispos e seminaristas gays[28]. Vistas muitas vezes como "dons", os autores fazem questão de ressaltar a importância dessas qualidades para a vida da Igreja. O padre Charamsa afirma em seu livro que "cada um tem seu próprio carisma: os heterossexuais, o deles, nós, orgulhosamente gays, também levamos nossos dons à sociedade e à comunidade cristã". Um clero sem gays descaracterizaria a Igreja Católica. A questão estética, litúrgica, a música, a arte sacra, os estudos etc. Como ficaria tudo isso sem os padres gays? Existiria Igreja Católica somente com padres heterossexuais? É praticamente impossível imaginar. Os gays mantêm essa Igreja viva. Em outro trecho, Charamsa cita a hilária fala de um amigo, após ter criticado a Igreja por sua homofobia. Segundo conta, o amigo respondeu: "Como você se permite falar mal da organização gay mais antiga do mundo? Não existe nenhuma outra associação desse

---

[27] "Na verdade, alguns de nossos melhores e mais brilhantes seminaristas, sacerdotes e bispos são homossexuais" (COZZENS, 2008, p. 77).

[28] "Um dos meus diretores espirituais favoritos — isto é, pessoas que nos ajudam a identificar a presença de Deus na nossa oração e na nossa vida diária — era um homem gay" (MARTIN, 2022, p. 47).

tipo que possa se gabar de ter mais de dois mil anos de história!". Eu nunca tinha parado para pensar sobre isso, mas realmente a Igreja talvez seja a associação gay mais antiga e, paradoxal e infelizmente, a mais homofóbica.

Em *Teologia e os LGBT+*, o padre jesuíta Luís Corrêa Lima corrobora as afirmações do padre Charamsa ao abordar a questão dos dons dos padres homossexuais. Cita uma afirmação do ex-superior geral da ordem dominicana, Timothy Radcliffe, que diz que Deus chama gays ao sacerdócio e que estes estão entre os mais dedicados e admiráveis que conheceu. O dominicano disse, ainda, que Deus precisa dos dons de gays e de héteros. Lima concorda com o pensamento do colega ao afirmar que

> muitas dioceses e congregações religiosas estão abertas a ordenar homens homossexuais comprometidos com a vida celibatária. Eles tendem a ser homens calorosos, inteligentes, talentosos e sensíveis, que são qualidades importantes para o ministério e para a vida religiosa. Não raramente, destacam-se como liturgistas e pregadores e exercem o ministério de forma criativa e eficiente. A grande maioria guarda sua orientação sexual para si" (LIMA, 2022, p. 132).

No livro *A face mutante do sacerdócio*, um clássico da literatura dos seminários, o padre jesuíta Donald Cozzens também elogia os dons dos padres gays em seus trabalhos pastorais. Meu primeiro contato com a polêmica obra de Cozzens foi no noviciado orionita, em 2010. Um dos padres com os quais tinha amizade me apresentou o livro, emprestando-o por uma noite. Para minha surpresa, na manhã seguinte ele o pediu de volta, alegando que a leitura me levaria a perder a fé e a vocação. Na verdade, acabei ficando mais curioso por saber do que o texto tratava de tão grave que seria capaz de destruir minha fé. Insisti diversas vezes, mas o padre apenas sorria e insinuava que o livro tratava da questão homossexual no clero.

A homossexualidade, em si mesma, não se restringindo apenas ao clero, já foi apontada como "dom" por dom Antônio Carlos Cruz Santos, bispo de Petrolina, em Pernambuco, que ganhou os holofotes da mídia nacional em 2017 ao declarar, numa homilia quase revolucionária, que a homossexualidade não é opção nem doença. O epíscopo destacou que, na perspectiva da fé, ser gay seria um dom — e não um problema[29].

---

[29] "Permitam-me acrescentar um outro dom: o dos padres e irmãos celibatários que são gays, bem como os membros castos das ordens religiosas masculinas e femininas que são gays ou lésbicas. Existem inúmeras razões para que quase nenhum sacerdote gay (e quase nenhum membro gay de ordens religiosas, na verdade) se refiram publicamente à sua sexualidade. Entre esses motivos poderíamos elencar os seguintes: são pessoas reservadas; os seus bispos ou superiores religiosos pedem-lhes que não falem publicamente sobre esse tema; elas mesmas sentem-se desconfortáveis com a sua sexualidade; ou temem represálias dos paroquianos ou daqueles a quem servem. Mas há centenas, talvez milhares, de sacerdotes gays, santos e trabalhadores, e também membros gays e lésbicas de ordens religiosas, que cumprem as suas promessas de celibato e votos de castidade e que ajudam a construir a Igreja. Por vezes, a simples menção desse facto surpreende as pessoas. Ou irrita-as. Mas não estou a dizer nada de polémico; limito-me a verificar um facto: conheço muitos padres gays celibatários, irmãos gays castos e irmãs lésbicas castas. Por vezes, foram eles os meus diretores espirituais, os meus confessores, e até meus superiores religiosos. Alguns deles são as pessoas mais santas que já conheci. Dizer que os conheço é como dizer que vejo o sol no céu. É um simples facto. Esses homens e mulheres entregam livremente o seu próprio ser à Igreja. Eles mesmos são o dom" (MARTIN, 2022, p. 48, 49).

6

O sacerdócio como fuga

Conforme estudos, uma das justificativas mais recorrentes para tantos gays procurarem o sacerdócio e a vida religiosa diz respeito a um dispositivo de fuga da realidade. Vários autores concordam com essa ideia. Numa sociedade extremamente homofóbica, esse argumento não é de difícil compreensão. O sacerdócio retira esses indivíduos do lugar de marginalização para o da glória e do prestígio. A pressão social pelo casamento heterossexual, a cobrança familiar, o auto-ódio e o próprio discurso religioso que embasa tudo isso faz com que muitos rapazes gays busquem o seminário como proteção, o qual os coloca no lugar do opressor. Certamente nem todos os padres gays assumirão uma postura agressiva e homofóbica. No entanto, não são raros os casos de padres e bispos gays — muitos deles revelados pela mídia — que reproduzem discursos contra gays e lésbicas. Martel conta a história de um deles em seu livro, o falecido cardeal colombiano Alfonso López Trujillo (1935–2008). Famoso por ser um dos cardeais mais conservadores do Vaticano, ativista fervoroso contra o casamento gay, o prelado costumava contratar serviços de garotos de programa.

Narro uma experiência pessoal que tem relação com esse tipo de postura. Em 2018, no calor da polarização política das eleições, eu ainda contava com muitos padres e seminaristas gays em meu Facebook, que lá estavam desde a época do seminário. Causou-me muita estranheza o fato de vários deles manifestarem apoio ao então candidato Jair Messias Bolsonaro, um homofóbico assumido. Um deles, padre no Distrito Federal, passou a publicar textos em sua página com frases típicas da direita conservadora, em que usava a comunidade LGBT como bode expiatório e a atacava ferozmente. Ora, esse mesmo padre, supostamente defensor da moral e dos bons costumes, anos antes deliciava-se em chamadas de vídeo eróticas comigo, via Skype. Gay enrustido, lógico, mas homofóbico; um exemplo claro do que é utilizar-se do sacerdócio para se esconder e ainda atacar os outros. Decidi expor a situação nas redes sociais com *prints* de conversas e compará-las com os ataques que ele fazia aos gays assumidos e empoderados, apontando sua incoerência. O reverendíssimo presbítero, revestido de toda a hipocrisia, mas não só, pronunciou-se aos seus seguidores acusando-me de falsificar os *prints* e alegando que tudo não passava de perseguição por parte do que chamou de "ativismo ateu". "Perseguição", eis a palavra-chave para muita coisa, a fácil resposta dada em situações de crise. Aqui está mais um genial estratagema cristão, resposta aceitável para os seguidores, pois, assim como Jesus, o padre também estaria, obviamente, sujeito a perseguição. No privado, ele me enviava inúmeros pedidos para que eu apagasse as postagens, utilizando-se do argumento de que sua mãe estava enferma em razão de tanta maldade. Mas, após centenas de compartilhamentos, minha postagem foi derrubada por causa das denúncias das ovelhas daquele pobre padre gay bolsonarista perseguido.

Nessa situação da vida real, está em jogo um mecanismo desumano. Um gay utiliza-se dos privilégios do sacerdócio católico para atacar outros gays que têm a coragem de enfrentar as adversidades da vida autêntica. O poder investido pelo sacerdócio e a simpatia por ideais políticos conservadores coloca um possível oprimido no lugar de opressor. Ele quer que seus sofrimentos por levar uma vida dupla sejam compartilhados por seus iguais, que tiveram o ímpeto de ser quem são de forma genuína.

Um dos ex-seminaristas entrevistados para este livro ilustrou que o sacerdócio faz com que um gay saia da posição de excluído para a de escolhido. Escolhem o prestígio e o reconhecimento em vez de passar a vida tendo que enfrentar a violência homofóbica, mas isso não os impede de vivenciar conflitos interiores. Não deve ser tão simples viver uma realidade desintegrada.

Autores como Cozzens avaliam a questão do sacerdócio como fuga, explicando que, "ao entrar no seminário, não há mais necessidade de explicar a familiares e amigos por que não têm namoradas e não se casam". O historiador Kenneth Serbin aponta que

> a homossexualidade não era segredo na igreja. No mínimo desde a Idade Média o clero e as comunidades religiosas exerceram atração especial sobre homossexuais, proporcionando-lhes refúgio contra os preconceitos da sociedade e um lugar para exercer a sociabilidade do cotidiano" (SERBIN, 2008, p. 145).

Os apontamentos desse autor são importantes para mostrar que a homossexualidade dentro da Igreja não é uma conjuntura recente[30], como acreditam alguns. São Pedro Damião (1007–1072) deixa isso muito evidente em seu feroz *O livro de Gomorra*, texto originalmente publicado há um milênio. A diferença é que talvez hoje as coisas sejam mais visíveis, por conta da tecnologia e dos avanços na comunicação, mas há muito tempo a Igreja tem sido o refúgio de homens gays que fogem da opressão social e de si mesmos. Martel, ao falar de outra época da Igreja, menciona

> uma época em que a abstinência e o celibato heterossexual do padre eram abraçados com alegria pelos jovens homossexuais de Sodoma. Que o sacerdócio fosse um caminho natural para homens que imaginavam ter hábitos antinaturais é uma certeza, mas as trajetórias, os modos de vida variam enormemente entre a castidade mística, as crises espirituais, as vidas duplas, às vezes a sublimação, a exaltação ou as perversões (MARTEL, 2019, p. 160).

De fato, como não podiam se casar enquanto gays, o sacerdócio era uma opção possível e que, infelizmente, serve como dispositivo de fuga até os dias atuais. Isso foi constatado pela pesquisa de Elismar Alves dos Santos, religioso da congregação redentorista e acadêmico, em seu livro

---

30 MOTT, 1988, p. 44; DAMIÃO, 2019, p. 92; LEWIS, 2010, p.13; VAINFAS, 2010, p.198, 215 e 219; LIMA, 2022, p.132-134; RENDINA, 2012, p. 170.

Dizeres e vivências: representações sociais da sexualidade em seminaristas e padres. Ao tratar especificamente da homossexualidade nos seminários, o autor conclui: "Muitos seminaristas se descobrem homossexuais dentro dos seminários por encontrar nesse ambiente fatores que colaboram para o desenvolvimento da homossexualidade". A partir do que ouviu dos entrevistados, constatou que "uma grande porção tem contato com essas experiências após o ingresso".[31]

---

[31] "Apesar de parecer uma tarefa inexequível mensurar a quantidade de homossexuais em seminários ou exercendo o sacerdócio, porém, em diversas fontes recentes, é possível perceber indícios de que se trata da parte mais expressiva dos homens que compõem os religiosos da Igreja Católica" (ROSSI, 2024, p. 70).

7

O empoderamento gay, a crise de vocações e uma "sociedade secreta" de padres homossexuais

Paralelamente ao avanço das pautas da comunidade gay, a Igreja tem sofrido com a diminuição de suas vocações. Em 20 de outubro de 2023, o *site* oficial do Vaticano em português apontou queda no número de vocações, salvo algumas exceções:

> O número total de bispos em todo o mundo diminuiu em 23, chegando a 5.340. O número de bispos diocesanos (-1) e de bispos religiosos (-22) diminuiu. Atualmente, há 4.155 bispos diocesanos e 1.185 bispos religiosos. Já o número de sacerdotes diminuiu para 407.872 (-2.347). Mais uma vez, a Europa (-3.632) e a América (-963) registraram uma redução consistente. Aumentos foram registrados na África (+1.518), Ásia (+719) e Oceania (+11). Os padres diocesanos em todo o mundo diminuíram em 911, totalizando 279.610. Os sacerdotes religiosos diminuíram em um total de 1.436, registrando 128.262.

Especificamente sobre o Brasil, em 10 de maio de 2022, o mesmo *site* já havia publicado uma entrevista com dom João Francisco Salm, então presidente da Comissão dos Ministérios Ordenados e da Vida Consagrada da CNBB, em que ele dizia:

> Tem caído muito as vocações da Vida Consagrada e temos congregações que estão com seus membros praticamente todos idosos ou idosas, que é o caso mais comum entre a Vida Consagrada feminina. É preocupante isso, porque dentro de 10, 15 anos, esse pessoal não existirá mais entre nós, e nós não estamos tendo uma reposição com novas vocações.

Penso que uma das hipóteses para o enfraquecimento das ditas vocações é que, com o fortalecimento das lutas dos movimentos sociais LGBT, sobretudo do movimento gay, os jovens têm sentido menos necessidade de se isolar em ambientes religiosos como o seminário, pois estão mais fortes para enfrentar o mundo. Outro dado curioso é que os três mais conhecidos e influentes ativistas gays brasileiros foram seminaristas católicos: Luiz Mott (decano do movimento gay brasileiro, escritor, professor, historiador e antropólogo)[32], João Silvério Trevisan (escritor, diretor de cinema e jornalista)[33] e Toni Reis (escritor, professor e presidente da Aliança Nacional LGBTI)[34].

O adolescente gay, ao chegar ao seminário e encontrar muitos iguais, se sente mais seguro do que se estivesse fora. Conviver com outros gays com os quais se identifique, que tenham gostos parecidos e com quem faça amizade dá mais sentido a uma vida muitas vezes já tão marcada pela homofobia desde a infância. E, para algumas famílias homofóbicas, pode ser mais aceitável o filho dentro do seminário, escondido e podendo vislumbrar o futuro prestígio sacerdotal, do que fora dele, sendo motivo de possíveis constrangimentos. A crise de vocações é sinal do empoderamento gay. Quanto mais espaços a comunidade alcançar, menos pessoas precisarão de mecanismos de fingimento.

É claro que o empoderamento gay não é a única causa da redução no número de seminaristas e padres. Ela resulta da soma de vários

---

[32] Luiz Mott revelou em diversas entrevistas que foi seminarista dominicano. Uma dessas entrevistas encontra-se em seu *blog* pessoal.

[33] Trevisan foi seminarista durante dez anos e escreveu, entre muitos livros, um romance que fala do amor entre dois seminaristas adolescentes. Frequentemente comenta o fato de ter sido seminarista católico, como em entrevista ao jornal *O Globo*, em 2020.

[34] Em entrevista, o ativista já declarou: "A religião é uma questão privada, eu mesmo já fui seminarista". Portal Banda B, abril de 2017.

fatores, como a queda da influência religiosa e cultural da Igreja Católica, abalada por sucessivos escândalos de pedofilia, abuso sexual e corrupção, e a incapacidade da Igreja de realizar maiores avanços do que aqueles empreendidos pelo Vaticano II e os papados mais progressistas — inclusive o de Francisco. No caso do Brasil, o crescimento exponencial das denominações evangélicas neopentecostais, especialmente a partir dos anos 1990, indica que em breve o país deixará de ser o mais católico do mundo, em números absolutos[35]. Na prática, já é, pois muitos se declaram católicos, mas não praticantes — ao contrário dos evangélicos. Além disso, crescem os adeptos de religiões não cristãs e aqueles que, embora não sejam necessariamente ateus, não seguem nenhuma fé[36]. Lembro ainda que, num país de pobres como o Brasil, frágil em termos de proteção e promoção social, a vida religiosa pode ser uma alternativa para estudar e, para os que perseveram, garantir uma vida materialmente tranquila e segura até a velhice, sem maiores preocupações com casa, comida e roupa lavada[37].

Feita essa ponderação, está mais do que claro que no interior da Igreja se desenvolveu uma subcultura gay. Assim como existem as tribos, por exemplo, das "barbies" (gays musculosos) e dos "ursos" (gays com muitos pelos), também se criou uma subcultura gay nos seminários. Gays, salvo as exceções, costumam estabelecer laços de amizade com outros gays, até por uma questão de identidade e autoproteção, e na Igreja, obviamente, não seria diferente. Cozzens, num livro intitulado *Silêncio sagrado*, afirma, a esse respeito:

> Os padres e seminaristas nesses grupos frouxamente estruturados acham
> enriquecedora, espiritual e esteticamente, a companhia de outros homens

---

35 Ver, a respeito, a matéria "Igrejas evangélicas apresentaram crescimento vertiginoso no Brasil nas últimas décadas". Disponível em: https://jornal.usp.br/radio-usp/igrejas-evangelicas-apresentaram-crescimento-vertiginoso-no-brasil-nas-ultimas-decadas/. Acesso em 20 out. 2024.

36 Ver, a respeito, a matéria "Transição religiosa: evangélicos crescem em ritmo acelerado mas estão longe de ser consenso". Disponível em: https://revistaforum.com.br/brasil/2023/12/22/transio-religiosa-evangelicos-crescem-em-ritmo-acelerado-mas-esto-longe-de-ser-consenso-150002.html. Acesso em 20 out. 2024.

37 Apesar de discordar de que pessoas com interesse em estabilidade e conforto financeiro perseverem na vida religiosa e sacerdotal, o padre José Carlos Pereira levanta alguns dados interessantes. Segundo ele, e de acordo com pesquisa que realizou exclusivamente entre padres, "mais da metade dos padres brasileiros são oriundos de famílias relativamente pobres, situando-se entre a classe baixa e a baixa classe média" (PEREIRA, 2023, p. 66). O autor afirma, ainda: "Desse modo, esses jovens que se tornam padres, brancos em sua maioria e majoritariamente oriundos da zona rural ou das periferias urbanas, com pais com baixa escolaridade, baixa renda e baixo poder de compra, mudam radicalmente seu *status* social ao ingressar na carreira eclesiástica. Diante desse quadro, em termos estritamente financeiros, materiais ou de renda, tornar-se padre significa subir na vida" (PEREIRA, 2023, p. 67).

de pensamento semelhante. Eles compartilham, de qualquer forma, um segredo comum — a existência de seu mundo homossexual e a alegria que encontram nele.

Quando eu tinha por volta de vinte anos, fiz amizade pela rede social com um monge gay de uma ordem religiosa não muito conhecida. Era uma pessoa muito comunicativa e engraçada, e não demorou para que me encantasse por ele como amigo. Nas suas conversas havia sempre muitas piadas do universo gay, e rapidamente eu soube que estava lidando com outro rapaz homossexual. Os meses foram se passando, e esse amigo me apresentou diversos outros padres, monges, seminaristas e vocacionados homossexuais, até que um dia fez um grande suspense para me contar um segredo. Antes disso, fez várias perguntas, como em uma entrevista, antecipando o grande dia. Quando achou que eu estava preparado, me contou toda a verdade: aquela imensa rede de amigos não era um grupo qualquer, era uma sociedade gay secreta no interior da Igreja intitulada *Gaudium et Fraternitas* ("Alegria e Fraternidade"). Fiquei surpreso com a informação; não achei que existisse esse tipo de organização dentro da Igreja. A revelação parecia até cena de filme.

Após ser avaliado por alguns conselheiros, fui aprovado como membro da sociedade. O primeiro passo foi ser admitido no grupo secreto no Facebook, onde fui recepcionado pelos "superiores" com texto de apresentação e acolhida, além das numerosas boas-vindas dos "confrades". Era tudo muito bem-organizado, havia hierarquia, nome oficial, estatuto, busca ativa de novos membros, encontros anuais presenciais, diversidade de congregações e dioceses e, lógico, a contradição entre os interditos da religião e a hipocrisia de uma organização dessa natureza. Eram levantados constantes debates no grupo sobre temas relacionados à religião e à homossexualidade, havia piadas sobre acontecimentos do cotidiano da Igreja, memes e discussões acaloradas sobre liturgia. Quando um membro da sociedade era ordenado diácono ou padre ou até mesmo professava os votos solenes em sua ordem religiosa, boa parte dos confrades ia prestigiá-lo pessoalmente.

Postagem em que um seminarista debocha das vestes de Bento XVI, chamando-o de "pintosa".

Postagem de padre no grupo secreto comentando os dias de retiro anual da *Gaudium et Fraternitas*. O padre em questão tinha programas televisivos em redes católicas.

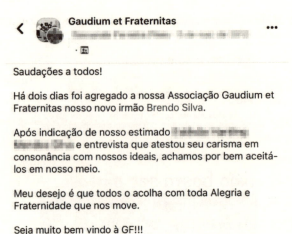

Postagem de um dos membros da *Gaudium et Fraternitas* me acolhendo como membro oficial.

Presença de sacerdote membro da *Gaudium et Fraternitas* na Novena de Aparecida sendo celebrada pelo grupo.

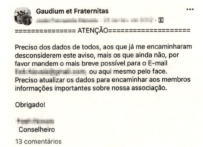

Comunicado de um conselheiro em que demonstra o nível de organização da sociedade gay secreta.

Participei de um dos encontros anuais desse grupo em 2012, no interior de São Paulo. Um dos membros conseguiu emprestada a chácara de uma devota senhora, sem que ela soubesse para qual fim. Durante três dias, cerca de vinte e cinco seminaristas, religiosos e padres se reuniram como em um grande evento gay. Ao som de músicas profanas como funk e forró, os seminaristas e padres flertavam, faziam amizade, paqueravam, comiam e bebiam, faziam sexo e brincavam, tudo sem o menor pudor.[38] Brincadeiras como "verdade ou desafio" e outras mais ousadas faziam parte das noites de retiro. Nesse encontro, vivi o início de uma paixão avassaladora com um desses seminaristas, membro de outra diocese. Esse lindo rapaz atualmente é padre, mas não temos mais contato. Paixão proibida. Porém, proibida apenas aos olhos das pobres ovelhas que mantêm a religião de pé com seu suado salário, mas permitida aos olhos de todos os clérigos que a viram surgir, como num grande show. Entre o sagrado e o profano talvez não exista um grande abismo, como convém pensar. O sagrado é profano. Aqueles padres e seminaristas que se entregavam às paixões naturais da carne mostravam com firmeza o fracasso de uma instituição moralmente falida, que não é nem de longe modelo de uma suposta família e moral tradicionais. Os participantes do grupo incentivavam nossos beijos, davam até sugestões de como poderíamos ficar mais perto um do outro. Foi tudo tão intenso que, ao término do evento, passamos vários dias juntos na casa paroquial de um dos padres do grupo, que morava em uma diocese paulista um pouco distante. Mantivemos contato por longos meses. Passávamos horas ao telefone. Mas a distância e a manutenção da vida dupla nem sempre são fáceis.

Aquele grupo de padres e seminaristas representa a vida tal como ela é, longe dos penduricalhos que a religião pode oferecer. Guardo até hoje a foto oficial do encontro, mas não posso publicá-la por razões óbvias. Muitos daqueles que estavam lá eram seminaristas e hoje são padres, dois deles com grande influência na mídia católica, com direito a programa televisivo, em que pregam e cantam cheios de devoção. Sem querer expor ninguém, pois essas pessoas ainda estão em seu processo de autoaceitação, narro esses fatos para que fique claro quão organizada pode ser a subcultura gay dentro do clero católico. Há coisas que realmente precisei viver para crer, pois se tivesse ouvido falar talvez não acreditasse. Porém, quem escreveu a frase a seguir foi o insuspeito Bento XVI: "Em

---

38 Esse tipo de evento envolvendo dois ou mais religiosos não é uma raridade na Igreja Católica, conforme vem noticiando a imprensa. Alguns casos: "Revista revela 'noites selvagens dos padres gays' em Roma e Vaticano reage", Extra, dezembro de 2010; "As orgias do padre Bartolomeu", IstoÉ, maio de 2021; "Padre é preso por desviar dinheiro da igreja para orgias gays e drogas", R7, setembro de 2021; "Bispo renuncia depois de sua diocese abrigar orgia gay", Folha de S.Paulo, outubro de 2023.

diversos seminários, formaram-se 'clubes' homossexuais que agiam mais ou menos abertamente e que claramente transformaram o seu clima".

Depois de pouco mais de um ano, e já na época em que estava numa vertente mais tradicionalista, saí da associação, por não me sentir mais à vontade e por receio de que alguém viesse a descobrir que eu era membro dela. Quem não participava ativamente das discussões era também convidado a se retirar. As postagens no grupo secreto, em que os membros se expunham com tanta desenvoltura, são a denúncia mais que pronta para derrubar um seminário ou convento inteiros por escândalo homossexual, já que a Igreja trata assim a orientação das pessoas que se amam e vivem sua sexualidade.

8

O amor que não ousa dizer seu nome

C omo mencionei na primeira parte deste livro, cansei de ouvir no seminário: "Cuidado com as amizades particulares"[39]. Tardei a compreender, mas depois entendi que se tratava de evitar ter amizades mais intensas com outros seminaristas, pois o ambiente era propício para desenvolver um relacionamento. Descobri em minha pesquisa que o termo não é novo para se referir ao assunto. Nos livros consultados, é comum sua ocorrência[40]; é tão antigo quanto a homossexualidade no clero. Há, por exemplo, um romance autobiográfico do escritor francês Roger Peyrefitte (1907–2000) intitulado *As amizades particulares*, publicado em 1944. Se alguém algum dia ouvir esse termo, já saberá do que se trata, pois o medo da Igreja quanto a uma relação gay é tão grande que convém nomeá-la de "amizade particular", em vez de chamá-la por seu verdadeiro nome.

Um robusto clero gay[41], portanto, corporifica, inevitavelmente, uma Igreja gay. A comunidade gay passa a moldar as estruturas do catolicismo

---

[39] "Durante séculos, os mestres de seminaristas advertiam-nos a evitar 'amizades particulares' com colegas. O motivo não declarado dessa regra era o medo das ligações homossexuais" (COZZENS, 2008, p. 85).

[40] "O policiamento da sexualidade incluía a repressão da atividade homossexual e das chamadas 'amizades particulares'. Ambas ocorriam com naturalidade no ambiente exclusivamente masculino dos seminários" (SERBIN, 2008, p. 145).

[41] Pereira cita um padre entrevistado: "Nós estamos falando de uma realidade onde a maioria é homossexual — isso é um dado relevante" (PEREIRA, 2013, p. 266).

romano, de maneira que seus caminhos são traçados sob esse olhar. Diante de mais um paradoxo, surge a dúvida: como um corpo pode lutar contra si mesmo? Os milhares de sacerdotes e bispos gays são contraproducentes? Se a absoluta maioria do clero é homossexual, como canalizar essas forças em prol de uma integração maior entre o que se é e o que se faz? A religião, maior influenciadora da cultura,[42] molda o que se pensa sobre a sexualidade. Estaria em certa medida nas mãos dos próprios gays a chave para a vitória na luta contra a homofobia? Quem detém o poder religioso influencia parte essencial da cultura, e esta última dita as normas sociais. A homofobia, um mal que deve ser extirpado da sociedade, precisa, antes de tudo, ser eliminada da religião, a começar pelos padres gays. A Igreja Católica Apostólica Romana, maior instituição cristã do mundo e do país, composta majoritariamente por gays em suas fileiras eclesiásticas, precisa ser curada de sua própria homofobia. A instituição precisa aprender a se amar, como disse Jesus em Mc 12,31 e em Mt 22,39. Esse é o exercício primordial para que o mundo seja um lugar melhor para todos. Sem essa verdadeira e saudável "cura gay" (a única possível, que consiste em tratar a própria homofobia), o escândalo continuará a ser a palavra da vez. Sem trabalhar as profundezas do ódio enraizado, a Igreja continuará teimando e fracassando e, pior, produzindo o escândalo. Este é fruto de questões mal trabalhadas. Como transformar o catolicismo numa religião que não mais emane ódio, mas sim amor? Um passo importante é que todos os membros do clero trabalhem a autoaceitação como único caminho possível. Todos os outros são simulacros, e o fim é certo: hipocrisia, excessos, tristeza e frustração. Os seminaristas, religiosos, padres e bispos gays precisam ser curados de sua própria homofobia, assim como a Igreja como um todo, e mostrar-se de forma mais autêntica ao mundo.

Em consonância com essa reflexão, o padre Cozzens fez uma incrível avaliação da alma do sacerdócio:

---

[42] "A invenção cultural do sagrado se realiza como processo de simbolização e encantamento do mundo, seja na forma da imanência do sobrenatural no natural, seja na transcendência do sobrenatural. O sagrado dá significação ao espaço, ao tempo e aos seres que neles nascem, vivem e morrem. A passagem do sagrado à religião determina as finalidades principais da experiência religiosa e da instituição social religiosa. Dentre essas finalidades, destacamos: garantir o respeito às normas, às regras e aos valores da moralidade estabelecida pela sociedade. Em geral, os valores morais são estabelecidos pela própria religião, sob a forma de mandamentos divinos, isto é, a religião reelabora as relações sociais existentes como regras e normas, expressões da vontade dos deuses ou de Deus, garantindo a obrigatoriedade da obediência a elas, sob a pena de sanções sobrenaturais" (CHAUÍ, 1994, p. 308).

> A crise de alma do sacerdócio e, por extensão, a crise de alma da igreja são, em parte, uma crise de orientação sexual. Mais cedo ou mais tarde, a questão será enfrentada mais objetivamente do que nas últimas décadas do século XX. Quanto mais isso demorar para acontecer, maior será o dano para o sacerdócio e para a igreja.

Por enquanto, porém, a instituição se nega a rever sua posição quanto à homossexualidade entre os seus. A liberdade sexual precisa atingir a Igreja, destruindo sua ideologia heterossexista e oferecendo uma vida mais saudável aos membros do clero. A mudança precisa seguir de dentro para fora. Ou simplesmente não haverá mais "fora" para a Igreja.

9

A simbologia do sacramento da Ordem

A ideia do sacerdócio católico como casamento espiritual com Jesus é um conceito romanesco de relação homossexual[43]. A Igreja diz que o padre se casa com o próprio Cristo, e este último é, além de Deus, um homem. O catolicismo celebra o ápice do amor gay em forma de sacramento, oficializa o casamento de um homem com outro. Segundo a doutrina católica, Jesus era verdadeiramente homem e verdadeiramente Deus. O sacramento que faz de alguém padre é a ordem, e por meio dele terá sua alma unida à do homem Deus *ad aeternum*. Para vivenciar esse amor, a Igreja criou cuidadosamente ambientes só para homens (ao menos na maioria dos casos, pois há exceções, como as já apontadas). Reunir vários homens gays num mesmo ambiente é o cenário perfeito. A estrutura do seminário obviamente facilita a vivência do "amor que não ousa dizer seu nome" como disse o romancista britânico Oscar Wilde (1854–1900) na sessão do quarto dia de seu segundo julgamento, em 30 de abril de 1895. A lei do sigilo e a discrição servem para mascarar essa grandiosa

---

[43] "Cristo é o centro de toda a vida cristã. A união com Ele prevalece sobre todas as outras, quer se trate de laços familiares, quer sociais (126). Desde o princípio da Igreja, houve homens e mulheres que renunciaram ao grande bem do matrimónio, para seguirem o Cordeiro aonde quer que Ele vá (127), para cuidarem das coisas do Senhor, para procurarem agradar-Lhe para saírem ao encontro do Esposo que vem." *Catecismo da Igreja Católica*, segunda seção, capítulo terceiro (grifo meu).

face colorida da Igreja. Outro traço marcante é a oportunidade oferecida quanto à liturgia, aspecto que atrai muitos gays, como já dito. A liturgia católica, mas não só ela, é marcada — conforme também já disse — por tecidos vistosos ou luxuosos, rendas, incensos, cantos solenes, flores, paramentos coloridos, imagens, vitrais, afrescos; e em muitas igrejas brilham ouro, prata e lustres de cristal, criando a atmosfera perfeita para a vivência de uma estética interditada aos homens pelo machismo ou pela cultura heteronormativa. Na ausência concreta do Belíssimo Esposo[44], o padre passa a agir pela pessoa dele, administrando os sacramentos, celebrando os ritos da forma mais apaixonada possível. Esse casamento imaginário sublima o desejo homossexual desses devotos sacerdotes, todos dividindo o mesmo marido. Como não podem de fato vivenciar o amor para o qual estão inclinados, vivenciam-no dentro de suas possibilidades, na fantasia do divino, casando-se com os deuses. A única forma de o amor ousar dizer seu nome é solenemente consumada com a unção por óleo, a imposição de mãos sobre o indivíduo ajoelhado, a total prostração e o rogo às falanges angélicas para que tal casamento jamais tenha um fim. Aparentemente belíssimo, mas, para um gay que talvez fuja de si, pode ser a coroação máxima da substituição dos seus desejos, dos seus amores. Casamento por conveniência, mais do que por amor.

O padre que trai seu esposo Jesus é adúltero. Por isso, para além das questões da hipocrisia já muito comentadas, é infidelidade ao próprio propósito de vida a que se propôs vivenciar a sexualidade nos aspectos amoroso e sexual com outros parceiros. O papa Pio XII, na carta encíclica Sacra Virginitas, de 1954, afirma que "Esse vínculo de perfeita castidade consideraram-no os santos padres como uma espécie de matrimônio espiritual da alma com Cristo; e, por isso, chegaram alguns a comparar com

---

44 Oh, **Belíssimo Esposo**
Mais belo que todos os homens
Santo, Santo és Tu!
Belíssimo Esposo
Esconde-me em Teu lado aberto
Em Tua chaga de amor, de amor!

Beijo a lança que abriu
A fonte do amor imortal, a fonte do amor sem fim
Que pagou o que eu não poderia pagar
Beijo o Teu lado aberto, jorrando rios de vida e de paz
Fazendo brotar em mim um canto novo, um hino **esponsal**

"Belíssimo esposo" (excertos), de Nicodemos Costa, Cristiano Pinheiro e Fernando Martins, hino comumente entoado em missas de votos perpétuos de irmãos e irmãs da Comunidade Shalom e de outras fraternidades católicas (grifos meus).

o adultério a violação dessa promessa de fidelidade". Na mesma direção, escreve o papa Paulo VI na encíclica *Sacerdotalis Caelibatus*, de 1967:

> Cristo, Filho único de Deus, está constituído, em virtude da sua mesma encarnação, Mediador entre o céu e a terra, entre o Pai e o gênero humano. Em plena harmonia com esta missão, Cristo manteve-se toda a vida no estado de virgindade, o que significa a sua dedicação total ao serviço de Deus e dos homens. Este nexo profundo em Cristo, entre virgindade e sacerdócio, reflete-se também naqueles que têm a sorte de participar da dignidade e da missão do Mediador e Sacerdote eterno, e essa participação será tanto mais perfeita quanto o ministro sagrado estiver mais livre dos vínculos da carne e do sangue.

O que vemos é exatamente o contrário: muitos desses sortudos mediadores, aqueles que agem *in persona Christi*, estão intimamente vinculados à carne. Não que isso seja um problema, aliás, acho que a vida deve estar totalmente integrada com a variação sexual, mas na ótica da Igreja isso é adultério. São vários dilemas na vida de um seminarista, padre ou bispo gay. Contradições que constituem sujeitos ambíguos, em nome da manutenção de sua posição privilegiada.

10

Gays praticantes e gays não praticantes

Martel distingue em seu livro, a todo momento, os cardeais, os padres e os bispos que praticam a homossexualidade (fazem sexo ou têm relação amorosa) dos que não a praticam (padres que vivem o celibato ou o voto de castidade). A Igreja quase sempre reduz a homossexualidade a um comportamento ou ao que chama, nos documentos[45] em que trata da homossexualidade no clero, de

---

[45] Comentando a *Instrução sobre os critérios de discernimento vocacional acerca das pessoas com tendências homossexuais e da sua admissão ao seminário e às ordens sacras* (Congregação para a Educação Católica, 2005), o doutor e sacerdote Leomar Nascimento de Jesus afirma: "Certamente este é um dos documentos mais hipócritas da Igreja institucional nos últimos tempos e seguramente um dos mais agressivos em relação à população masculina que compõe as fileiras da hierarquia eclesial, nomeadamente aquela 'arco-íris'. E isso porque tenta disfarçar o indisfarçável e, acima de tudo, porque estabelece como critério fundamental para se ser padre, que o candidato seja 'varão', 'macho', 'heterossexual', como se isso fosse suficiente para ter 'pastores' bons, comprometidos e equilibrados" (JESUS, 2024, p. 233).

tendências[46], dando a entender que é algo passível de transformação, mera questão comportamental. Chega, inclusive, ao absurdo de afirmar que existe uma "homossexualidade transitória", fruto de imaturidade juvenil. Além disso, há o senso comum de que ser gay é apenas uma questão ligada ao ato sexual, desconsiderando todos os outros aspectos da homossexualidade. Ser gay, assim como ser hétero, vai muito além de simplesmente fazer sexo. Ser gay é sentir por alguém do mesmo gênero atração física, romântica e estética, além da atração sexual. Ou seja, é impossível, dentro da amplitude da variação (orientação) sexual, um gay "não praticar" a homossexualidade, e Martel deveria ter deixado isso mais bem explicado, pois pode ser causa de interpretações errôneas e reducionistas. Afirmo categoricamente que seria absurdo "não praticar" a vontade natural que provém das profundezas da mente e do coração, como se diz habitualmente. Seria absurdo não sentir. Enfim, é impossível um gay "não praticar" algum dos múltiplos aspectos da sua orientação. Por isso mesmo, para muitos, mais vale morrer que viver desintegrado, fragmentado, repartido. O seminarista ou padre gay, enquanto permanecer nessa instituição castradora, que não o aceita integral e verdadeiramente, é alguém que passará todo o tempo levando uma "meia vida". Só seria inteira no improvável dia em que o catolicismo se conciliasse com a homossexualidade. No dia em

---

[46] O documento da Congregação para Educação Católica (2005) surge num contexto de explosão de centenas de casos de padres e religiosos envolvidos em escândalos de pedofilia e abuso. A emergência do posicionamento como uma resposta às críticas ferozes da opinião pública e da mídia trouxe como fruto uma compreensão imatura e anticientífica do fenômeno, ao colocar o combate à homossexualidade nas casas de formação, ainda que indiretamente, como uma das formas de combater a pedofilia. No livro *Tendências homossexuais em seminaristas e religiosos*, o autor afirma que o padre Tony Anatrella "foi, ao que se sabe, um dos redatores da Instrução. Ele funcionou como o principal assessor da Santa Sé no campo psicológico" (VALLE, 2014, p. 16). O mais irônico no desdobramento desse documento repleto de homofobia (não que isso não fosse esperado) é que justamente esse padre, considerado o "psicólogo do Vaticano", foi, anos depois, acusado de inúmeros abusos contra jovens gays que atendia em terapias de teor duvidoso. Em artigo de Cristina Inogés Sanz, veiculado pelo portal Unisinos, é possível ler: "Quem era considerado um perito como psicoterapeuta, Anatrella, aproveitava-se dessa sua condição no consultório para abusar de quem precisava da sua ajuda profissional, para além de se manifestar sempre que podia, inclusive com livros onde apoiava e expandia as suas ideias, contra todas as pessoas LGBTI de forma rígida" (SANZ, 2023). Com muita infelicidade, Anatrella era, além de um homossexual enrustido e reprimido, um abusador. Ele poderia se encaixar nas próprias associações sucintas que a Igreja (e ele) fez na instrução e nos livros e textos que publicou, mas não. Anatrella talvez seja resultado de uma sexualidade não integrada que o condenou ao ostracismo após a própria Igreja produzir mais esse escândalo. O fato é que não houve nenhum reposicionamento da Congregação para a Educação Católica após os escândalos envolvendo o homofóbico Anatrella. O documento, fruto da moral hipócrita de um dos seus maiores artífices, resume a inconsistência de uma lógica em constante declínio. O que surgiu para supostamente combater abusos era, em parte, fruto da reflexão de um abusador. Era o objetivo camuflar parte do seu próprio eu? Não se sabe com precisão, mas, certamente, numa instituição em que reinam a mentira e a desfaçatez, não se deve levar a sério tais documentos. O francês Anatrella foi punido pela Igreja em 2023, sendo suspenso de suas funções sacerdotais e de suas atividades psicoterapêuticas, além de ser proibido de continuar publicando livros e ser obrigado a levar "uma vida de oração em um lugar remoto". Ver, a respeito, a matéria "Direto do Vaticano: as medidas tomadas contra o padre Tony Anatrella". Disponível em: https://pt.aleteia.org/2023/01/18/direto-do-vaticano-as-medidas-tomadas-contra-o-padre-tony-anatrella. Acesso em 20 de out. 2024.

que tomassem a verdade como fundamento da religião, e não mais a mentira. O clero, porém, vem perdendo confiabilidade — e a Igreja, fiéis.

A negação da sexualidade pela abstinência sexual não se sustenta. Não praticar sexo gay ou não ter um relacionamento não faz de alguém que é homossexual um ex-gay ou um "gay não praticante". Gays são assim intrinsecamente, mesmo que as distorções cristãs sonhem com o contrário. A história prova que nem o tempo[47], nem a Santíssima Inquisição[48], nem o nazismo[49], nem o socialismo[50] ou qualquer outra ideologia, nem mesmo as falsas terapias de reversão[51] vencerão a natureza. Ela sobreviverá à cura gay, que é promovida quando se enjaulam milhares de gays em seminários e paróquias, sob batinas, capas e hábitos.

Acredito que há padres, bispos, seminaristas e, sem dúvida, que houve até papas gays, mas que, buscando ser fiéis aos princípios dos votos ou promessas deslocadas da realidade que fizeram, se abstenham de vivenciar todos os aspectos de sua sexualidade, de vivê-la em sua integralidade. Porém, abster-se de integrar todas as singularidades da homossexualidade, pelo motivo que for, não exime ninguém de ser o que se é. Também não acredito que viver célibe seja algo bom para a natureza humana. Os seres humanos estão, em sua maioria, naturalmente inclinados para o amor e para o sexo, e não para uma vida de negação da sexualidade em sua complexa totalidade.

---

47 "Desde tempos antigos, antes do uso da escrita alfabética, na sociedade homérica, já existia entre os gregos o conceito de 'amor nobre', aquele entre homens" (Funari, 2002, p. 44).

48 Em *Trópico dos pecados*, o historiador Ronaldo Vainfas aborda esse evento histórico com profundidade. "Crime mais denunciado na visita do século XVI, a sodomia praticada entre homens era o único desvio moral que podia, em certas circunstâncias, levar os culpados à morte na fogueira. Assimilada à heresia por razões históricas e teológicas, a sodomia possuía, no entanto, um significado fluido na cultura escrita, no saber jurídico e, consequentemente, na prática judiciária inquisitorial. Referida às relações homossexuais masculinas, ora significava especificamente cópula anal com ejaculação *intra vas*, ora aludia a certos hábitos homoeróticos em que tão importantes quanto o coito anal consumado eram a frequência das relações, o gosto pelo sexo nefando e a consciência do praticante em face desses prazeres" (VAINFAS, 2010, p. 327).

49 Nas obras *Eu, Pierre Seel, deportado homossexual* (SEEL, 2012), *Triângulo rosa* (SCHWAB e BRAZDA, 2011) e *Marcados pelo triângulo rosa* (SETTERINGTON, 2017) há detalhes sobre a perseguição nazista aos homossexuais.

50 Pedro Juan Gutiérrez, na obra *Fabián e o caos*, retrata um pouco da homofobia na Cuba revolucionária.

51 Em fevereiro de 2022, o portal UOL noticiou: "'Cura gay': Entenda por que terapias de conversão sexual são um equívoco".

PARTE III
Quebrando o silêncio

"Disse-lhes: Segui-me, e eu farei de vós PESCADORES DE HOMENS.
Eles, deixando imediatamente as redes, o seguiram."
Mt 4, 19-20

1
Pesca e pescadores

N esta terceira parte, apresentarei as experiências de catorze gays e dois heterossexuais que passaram por seminários, conventos e casas paroquiais, ou que ainda se encontram nessas instituições. Entre eles, há padres operantes, padres que não são mais atuantes, ex-seminaristas e um seminarista, de diferentes congregações e dioceses. Tentei contato com outros, que educadamente se esquivaram. Um deles, arcebispo homossexual com quem mantenho certo contato há muitos anos, parecia não entender minhas mensagens solicitando entrevista. Outros marcaram datas para encontros ou videochamadas que nunca aconteceram. Depois de um tempo, apareceram muitos seminaristas se oferecendo para participar, mas não haveria espaço suficiente em um só livro. No entanto, dezesseis é um número bastante significativo de entrevistados a respeito de um assunto tão delicado para a Igreja — e que sua hierarquia evita, ao menos no Brasil —, a homossexualidade masculina dentro da própria instituição.

São homens de vários estados do Brasil, de quatro regiões, o que demonstra sua capilaridade. Foram omitidos dados como nome, idade exata, congregação religiosa ou diocese, estado de origem, atividades pastorais e outros que pudessem identificá-los. Sabendo da delicadeza do tema, é mais do que importante preservar a integridade das fontes, pois alguns ainda estão sujeitos a punições por parte da Igreja. Os entrevistados que já saíram dos seminários e conventos também tiveram seu nome preservado, para que não corressem o risco de enfrentar qualquer tipo de retaliação da Igreja institucional ou de algum devoto fanático. Alguns deles ainda integram a instituição como leigos atuantes, exercendo funções pastorais e em contato direto com padres e bispos. Há apenas uma exceção, em que informo nome e outros dados do entrevistado, mas trata-se de um pedido do próprio sacerdote. É importante dizer, ainda, que as respostas dos entrevistados não expressam necessariamente a minha opinião.

Muitas dessas vozes, em nome de concepções e interditos que hoje parecem não fazer o menor sentido, foram silenciadas, vivem ou viveram o drama de uma sexualidade castrada e são impedidas de se manifestar sadiamente. Alguns desses entrevistados mantiveram contato comigo por meses, durante a elaboração deste trabalho, e com seis deles encontrei-me pessoalmente para as entrevistas. Por conta da distância, tive que conversar com outros por videochamada, WhatsApp, e-mail ou ligação telefônica. Estabeleci o diálogo, mais do que uma simples entrevista fechada, na busca por uma relação humanizada na condução das entrevistas, fora dos padrões tradicionais. Essa escolha por conversar com alguns durante dias seguidos ou até meses favoreceu a abertura das fontes para uma troca repleta de detalhes. Por inúmeras vezes, escutei dos entrevistados que este livro era a oportunidade que tanto esperaram para que pudessem ser ouvidos. A clandestinidade e o silêncio infelizmente fazem parte da vivência de um gay dentro do seminário ou do clero católico, e este livro é uma tentativa para que essa realidade mude e a orientação (ou variação) homossexual seja tratada com naturalidade e fora de guetos, mesmo que religiosos.

Em muitos momentos dos diálogos, fiz paralelos com a minha própria história, ainda que os entrevistados tenham morado em outros seminários, bem distantes daqueles em que estudei. Procurei pessoas de origens diferentes, com linhas ideológicas distintas dentro da Igreja (TL, RCC e Tradicionalismo). Também quis ouvir um ex-seminarista e um padre heterossexuais, para que pudessem agregar um ponto de vista diferente sobre a questão gay dentro dos seminários, já que um homem hétero passa por outro tipo de socialização[52] e tem outras referências. Achei interessante trazer esse outro olhar, pois mesmo os héteros e bissexuais

---

52 Ver, a respeito, PINTO, 2012, p. 101.

A vida secreta dos padres gays

acabam sendo atingidos pelo estilo comportamental de uma comunidade gay pulsante. Afinal, dentro dos ambientes clericais e seminarísticos, héteros e bissexuais são minoria, como já afirmei e inúmeros outros livros também afirmam.

Destaco que há muitas maneiras de viver a homossexualidade dentro da Igreja, como clérigo ou aspirante. Encontrei na minha experiência e nos depoimentos e diálogos muitas formas distintas. Há quem seja gay, mas, por achar que essa condição é pecado, vive radicalmente os votos ou as promessas de castidade ou o celibato. Há quem pense que ser gay não é um pecado, mas sim uma variação natural da sexualidade, porém, vive os votos ou promessas que fez. Lembrando que não praticar sexo ou não viver uma relação amorosa homossexual não faz com que alguém deixe de ser gay. Ao contrário, a radicalidade no cumprimento desses votos ou promessas ou, em casos mais extremos, a negação da homossexualidade pela ótica do pecado muito possivelmente é fruto de uma sexualidade reprimida. Os dois exemplos anteriores podem estar influenciados pela corrente ideológica seguida pelo padre, bispo, religioso ou seminarista. Indivíduos com uma mentalidade progressista dentro da Igreja podem ser mais abertos na compreensão e aceitação de si mesmos, já os que vivem na lógica de uma religião com uma moral tradicional ou radical tendem a ofuscar aspectos de sua vida que sejam considerados mundanos, pecaminosos e diabólicos.

Há exemplos de gays que têm vida dupla e publicamente atacam homossexuais e os direitos dessa comunidade. Aliás, não é raro encontrá-los. Eu mesmo cheguei ao cúmulo do ridículo e ao máximo da hipocrisia ao atacar a comunidade LGBT enquanto vivenciava um catolicismo mais radical. Ao mesmo tempo que insultava pessoas que viviam livremente sua sexualidade, mantinha relações sexuais presenciais e virtuais com outros colegas seminaristas e padres que, como eu, eram críticos da homossexualidade. O discurso moralista pode ser apenas um modo de defender-se de si mesmo e um sinal forte de autorrejeição. Não é uma conclusão fatal, mas isso pode ser indício de desvios de conduta ou má-fé. Também não creio que todo homofóbico seja gay enrustido, como muito se diz, mas, sem sombra de dúvida, boa parte do clero homossexual é formada de gays e bissexuais não resolvidos.

Outro estilo de vida gay nos seminários e palácios episcopais é o daqueles bispos, padres, religiosos e seminaristas que levam uma vida dupla, têm namorados e frequentam boates, bares e saunas — porém, não atacam gays. Ao contrário, acolhem outros irmãos gays em suas paróquias e dioceses. Alguns ministros ordenados, não necessariamente gays, até falam abertamente da homossexualidade de forma positiva nas redes sociais e em sermões. São poucos, mas existem.

Há quem viva experiências de namoro ou sexo de forma mais contida, e há os libertinos. Por exemplo, conheci padres e seminaristas que têm namorados entre seus pares e convivi com quem se relaciona com várias pessoas, de dentro e de fora do meio religioso. Esses modos de vida dependem de diversos fatores e de padrões morais e culturais, além de outros pontos próprios do campo da psicologia. Passando por todos esses modelos, é inevitável questionar o próprio celibato[53], seja ele para homossexuais, bissexuais ou heterossexuais. Existem outras maneiras de viver ou reprimir a sexualidade dentro da Igreja, pois há muitos arranjos possíveis. Alguns podem ter a falsa sensação de vivê-la em sua integralidade, mesmo debaixo da batina, e outros se contentam com migalhas sexuais, como os que se masturbam enfeitiçados por fantasias homossexuais.

Independentemente do estilo vivido, o fato é que, depois de pescados pela rede institucional lançada pela Igreja, esses homossexuais se tornam pescadores de outros homens, seja cooptando-os para o sacerdócio ou a vida religiosa, seja cuidando da formação de seminaristas, seja conduzindo uma paróquia ou diocese, seja ocupando cargos nas diversas entidades ou instituições católicas (inclusive escolas), seja na Cúria Romana. O que não quer dizer que todos sejam, necessariamente, mal-intencionados ou desonestos, objetivando apenas assediar os aspirantes ao sacerdócio ou os leigos que, cada vez mais, atuam nos serviços da Igreja. Mas, sem dúvida, tais modos de viver a homossexualidade são clandestinos, com tudo o que a clandestinidade pode significar de deletério. Ao se tornarem "pescadores de homens", portanto, esses que um dia foram pescados acabam por alimentar a instituição que, ao mesmo tempo, e contraditoriamente, os rejeita e os acolhe.

---

53 Pepe Rodríguez dedica muitas páginas a discussões acaloradas sobre a questão do celibato do clero católico. Entre várias questões, o autor concorda que o celibato é uma condição totalmente contrária à natureza humana.

2

Vozes silenciadas

O primeiro entrevistado é Bernardo, que tem 31 anos e passou sete deles em duas congregações. Para ele, ser homossexual é quase um pré-requisito para ingressar na vida religiosa. Bernardo não alimenta mais o desejo de retornar ao seminário. Ele me contou que, durante sua caminhada na vida religiosa, relacionou-se com padres e irmãos professos, isto é, religiosos que já professaram os votos de pobreza, castidade e obediência. Não somente para ele, mas para a maioria dos entrevistados, a homossexualidade naqueles ambientes é rotineira, banal. Ela é a regra, a heterossexualidade, a exceção. Não é surpresa para nenhum clérigo ou estudante o fato de os seminários, os conventos e as casas de formação serem repletos de gays. Isso, é óbvio, se refletirá, consequentemente, em casas paroquiais e, *a posteriori*, em palácios episcopais comandados por homens gays[54].

> Durante os encontros vocacionais, já pude perceber que uma subcultura gay fazia parte do itinerário formativo. Nos momentos de convivência, as investidas já iam acontecendo entre os vocacionados, como também por

---

[54] O caso de dom Valdir Mamede, então bispo da diocese de Catanduva, ganhou os holofotes da mídia após o prelado ter sido acusado de assédio por um padre de seu próprio clero. Após a repercussão, Mamede renunciou. Ver a matéria *"Os bastidores da renúncia de bispo brasileiro após escândalo de assédio sexual"* (O Liberal, novembro de 2023).

> parte de alguns religiosos e seminaristas. Pelos comentários que se fazia durante os encontros, eu até achava que o vocacionado não seria aprovado para o ingresso no ano seguinte, mas eu me enganava. Os efeminados? Coitados! Os comentários que faziam eram do tipo "Moça, toda!", "Essa aí vai querer usar véu". Os conselhos evangélicos de castidade, pobreza e obediência pareciam uma piada. Falava-se de castidade, mas transformavam os seminários em espaços de sexo. Pobreza? Eu confesso que nunca vi um pobre ter tantas regalias como esses homens da vida religiosa. Comem, vestem e usam tudo do melhor e mais sofisticado. Obediência? Ela só existe para o povo de Deus e para os seminaristas.

Os conselhos evangélicos citados por Bernardo são os votos que os religiosos e também as religiosas professam como compromissos para toda a vida. Porém, na grande maioria dos casos, não passam de formalidades que alimentam o sentimento religioso em cerimônias grandiosas e emocionantes, mas vazias de sentido prático. Mais uma vez, não cabem aqui generalizações, mas constatações que deveriam ajudar a Igreja a repensar se faz sentido exaltar uma experiência de fé que não é genuinamente integrada à realidade — e, quando isso se cumpre, é com grande esforço. A castidade, que é o que principalmente cabe aqui, não pode ser vivenciada pela negação da natureza. Mesmo que um padre ou religioso decida segui-la, ele deveria estar primeiro em harmonia com sua sexualidade, para então optar por não vivenciá-la em sua integralidade, isto é, em suas dimensões afetivo-sexuais, romântico-emocionais. Ciente da sua natureza, escolheria com muita labuta anular essa parte fundamental da experiência humana em nome de uma causa. Porém, o que ocorre em muitos seminários é a negação pela negação, sem a aceitação da real natureza, mas a escolha pelo fingimento, como se a castidade anulasse automaticamente toda a constituição da sexualidade do sujeito. O voto de castidade, no caso dos religiosos, acaba por se tornar um dispositivo de invalidação do próprio indivíduo em sua totalidade, configurando-o como se fosse um anjo. Para muitos, deve soar como a não existência da homossexualidade ou qualquer outra variação sexual. A mensagem deveria ser clara: não é porque alguém opta por uma vida celibatária que deixa de ser gente, de ter desejos, de sentir, de se apaixonar. Em muitas casas de formação, a sexualidade não é trabalhada com a seriedade que merece.

Para vivenciar a sexualidade de uma maneira mais saudável, a Igreja precisa contribuir para que as pessoas se reconheçam como sujeitos. Essas pessoas precisam entrar em um processo de autoconhecimento, para aceitar a sua sexualidade e afetividade como parte do processo. Entretanto, ela precisaria abrir mão de parte da sua doutrina opressora, para que os seus pudessem viver de modo integral e natural a sua homossexualidade. E, sendo sincero, não acredito que isso possa acontecer. Durante o processo formativo, as aulas que tínhamos sempre nos levavam a reprimir os nossos desejos ou a deixar a vida religiosa. Lembro que, em uma das formações que tive, se falava de uma homossexualidade transitória[55]. Não seria mais uma tentativa de fazer com que não fosse vivenciada a nossa sexualidade? Esse foi um questionamento que trouxe comigo por um bom tempo. Os seminários hoje falam de uma formação integral, em que a dimensão da sexualidade e afetividade deve ser trabalhada, mas é um trabalho que leva mais o candidato à vida religiosa a uma opressão da sua natureza do que de fato a reconhecer-se em sua sexualidade. E o que se tem com isso são homens hipócritas e doentes emocionais, que têm uma vida sexual totalmente desintegrada. Sobre essa homossexualidade transitória, eles diziam que é normal, em algum momento da vida, despertar a curiosidade ou o desejo sexual por alguém do mesmo sexo. Com isso, eles assumiam uma falsa postura de acolhida, dizendo que, caso algum jovem ali se sentisse assim, poderia conversar com a formação, para que juntos pudessem integrar o sujeito ao itinerário formativo. Recordo também que um dos formadores de fora que foi contratado pelo seminário nos incentivava a viver a sexualidade, mas com cautela, para não causar escândalos. Essa cautela é uma forma não plena de viver a sexualidade, e é nítido dentro da vida religiosa como aqueles homens trazem uma infelicidade consigo por não conseguirem viver plenamente a sua sexualidade.

Bernardo não alimenta mais o desejo de retornar ao seminário. Ele me contou que, durante sua caminhada na vida religiosa, relacionou-se com padres e irmãos professos. Esses irmãos professos, em uma congregação, ordem ou comunidade de vida, são religiosos que já professaram os votos de

---

55 Na visão do catolicismo, uma das interpretações é que isso seria um "problema" de uma adolescência incompleta. Ver, a respeito, a *Instrução sobre os critérios de discernimento vocacional acerca das pessoas com tendências homossexuais e da sua admissão ao seminário e às ordens sacras*.

pobreza, castidade e obediência, como já foi dito anteriormente. Comentei que, em relações como essas, em que um é de outro grau na hierarquia e detém o poder, os vínculos podem não ser saudáveis. Podem-se criar obrigações e trocas de favores. É uma relação desigual.

> Isso de fato acontece. Na relação que tive, o religioso demonstrou uma dependência emocional. Troca de favores, ou até mesmo ganhos materiais, não houve na minha relação. Eu me envolvi com ele não por interesse, mas havia ali um afeto, um sentimento. No entanto, eu acompanhei o relacionamento do meu amigo de comunidade com o nosso formador. Ali foi um sofrimento danado para ambos, porque todos percebiam algo de diferente na relação deles. Privilégios aconteciam, presentes e saídas caras com frequência, e ele tinha informações sobre toda a província. Até de coisas que eram discutidas entre os formadores ele ficava sabendo, e também recebia dinheiro e tinha as suas contas pagas pelo formador.

Esse tipo de favorecimento causa desconforto nos outros membros da comunidade religiosa, coloca a "vocação" como serva da relação. O poder concedido por títulos é capaz de calar e manipular, seduzir ao próprio poder, criar divisões e destruir a harmonia. Não é meu papel ditar a um gay que não deva se relacionar, pelo contrário, defendo a vivência plena da homossexualidade em todas as suas dimensões. Todavia, em ambientes como o seminário, essa vivência dificilmente será saudável, por conta das estruturas complexas que o fundamentam. Para que um gay com poder vivencie a plenitude de sua orientação sexual nesses espaços, muito provavelmente ele irá prejudicar outros gays. Por isso, uma religião que não compreende a homossexualidade como natural pode transformar homossexuais que estão em relacionamentos no interior de seus círculos em pessoas cruéis, educadas a reproduzir padrões de sobrevivência que atropelam, inclusive, seus iguais. A pior atrocidade que situações como essas podem favorecer é fazer com que gays execrem gays. Na minha experiência, muitos dos conflitos que maculavam a convivência estavam relacionados a brigas amorosas entre colegas. Há muito burburinho. Um "diz que me disse" que nutre a homofobia institucional, pois o discurso hegemônico sempre culpa a natureza homossexual por todos os males. Mas o único e verdadeiro mal é a dissimulação que corrói a autenticidade e, consequentemente, destrói a comunidade.

3

Segredos no claustro

Lucas ingressou em uma fraternidade religiosa carismática com apenas dezessete anos e lá permaneceu por sete. Atualmente com 32 anos e casado com um rapaz, divide sua rotina entre trabalho e relacionamento. Apesar de ainda ser católico praticante e falar disso com alegria, muita coisa mudou em sua concepção sobre a moral religiosa desde que saiu do seminário. Quando seminarista, Lucas foi vítima de abuso sexual por um padre. Ele narra o episódio com tristeza e revolta, pois, além de ser uma situação traumática, é ainda mais doloroso por ter ocorrido em um contexto religioso e num momento em que ocupava uma posição inferior na hierarquia.

Assim como eu, ele e outros tantos passamos por situações de abuso de poder ou sexual dentro da vida seminarística. Casos assim já foram amplamente noticiados pela grande mídia[56]. O mais emblemático é o do

---

[56] Um dos casos mais conhecidos e que foi eternizado em um livro ganhador do prêmio Pulitzer, o qual inspirou um filme vencedor do Oscar, é o trabalho investigativo da equipe do *The Boston Globe*. *Spotlight* revelou ao mundo centenas de casos de padres abusadores e/ou pedófilos nos Estados Unidos, o que causou uma avalanche de descobertas similares em todo o mundo. Na contramão das estatísticas da sociedade em geral, em que a maioria das crianças abusadas são meninas, na Igreja, é o extremo oposto: a imensa maioria das vítimas são meninos. A informação com relação aos números da sociedade em geral é confirmada de acordo com os dados do *Anuário Brasileiro de Segurança Pública* de 2023, que destacou: "Em relação ao sexo, as proporções têm se mantido as mesmas ao longo dos anos. No ano passado, 88,7% das vítimas eram do sexo feminino e 11,3% do sexo masculino" (grifo meu). Já quanto à Igreja, em livros como *Pedofilia na Igreja*, dos jornalistas Giampaolo Morgado e Fábio Gusmão, e mesmo em *Spotlight*, vê-se que a imensa parcela das vítimas são meninos. Em matéria da BBC News Brasil de outubro de 2021 lê-se: "Cerca de 216 mil crianças — a maioria meninos — foram abusadas sexualmente pelo clero da Igreja Católica Francesa desde 1950, aponta o relatório de uma comissão de investigação divulgado nesta terça-feira [5/10]", e diz ainda que "O relatório, que tem quase 2,5 mil páginas, afirma que a 'grande maioria' das vítimas era do sexo masculino, muitos meninos com idade entre 10 e 13 anos" (grifos meus).

fundador da congregação dos Legionários de Cristo, o padre mexicano Marcial Maciel Degollado (1920–2008). Bastante próximo do papa João Paulo II, pontífice canonizado pela Igreja, o predador sexual foi protegido durante décadas e nunca pagou por seus crimes. Foi apenas afastado da congregação, passando os últimos anos de vida recolhido na luxuosa *villa* mantida pela Legião de Cristo em Jacksonville, nos Estados Unidos. Enquanto figura de prestígio e poder em sua congregação, utilizou-se dessa posição para abusar sexualmente de seus próprios seminaristas. Também foi constatado que abusava até dos filhos biológicos que teve clandestinamente.

Fundadores de ordens, institutos, congregações e comunidades de vida religiosa são quase sempre tidos como santos — muitos, inclusive, são canonizados. Marcial soube usar seu poder para fazer mal aos seus próprios seguidores e permanecer impune. Mas não são só alguns fundadores que podem agir assim. Padres em cargos inferiores reproduzem esse exercício abusivo do poder. No caso de Lucas, se não se rendesse às investidas, perderia o apoio e seria isolado em sua comunidade religiosa. Há, nesse caso, uma dupla violência, pois, além de ter sua posição invalidada pela instituição, ele foi punido, mesmo sendo a vítima. Questões de poder perpassam a sexualidade a todo momento, e, quando esta está sujeita à repressão e ao controle institucional, como no caso da Igreja, tais questões favorecem toda sorte de abuso. É preciso deixar bem claro, porém, que ser homossexual não é sinônimo de ser abusador. O que há, dentro da hierarquia católica, é o uso da posição de poder clerical para cometer abusos e obter favores sexuais, além da chantagem típica de situações clandestinas — como é o caso da vivência amorosa e erótica entre seminaristas e padres. Outro ponto diz respeito à produção massiva de abusadores pela religião, quando ela lida com a sexualidade, o desejo e a homossexualidade como sendo sujos, pecaminosos, interditados e enigmáticos[57].

---

[57] O já mencionado ex-padre e professor Marcelo da Luz, ao comentar a obra de um sacerdote alemão, diz: "Na tentativa de limpar as manchas causadas no sistema eclesiástico pelos religiosos doentes, a avaliação crítica era feita apenas sobre os indivíduos, sem o questionamento do sistema de vida no qual estão inseridos. A pergunta pertinente neste contexto é: *em que medida a vida religiosa e o sacerdócio católico são, em si mesmos, geradores de comportamentos desajustados?* Dentro da própria Igreja, o sacerdote e psicólogo alemão Eugen Drewermann respondeu positivamente a essa questão no livro *Os clérigos: psicograma de um ideal*, fato a lhe custar, em 1991, a licença para pregar e ensinar em nome da Igreja. Embora Drewermann tenha abertamente criticado o sistema seminarístico católico enquanto *fábrica de neuróticos*, o teólogo alemão ainda mantém a fé nos ideais tradicionais da vida religiosa consagrada, entre eles os conselhos evangélicos — pobreza, castidade e obediência — explicados em chave psicanalítica e justificados tão fantasiosamente quanto antes" (LUZ, 2014, p. 225, destaques no original).

A vida secreta dos padres gays

Comecei perguntando ao Lucas sobre os motivos que o levaram a optar pelo sacerdócio ainda na adolescência e quando se reafirmou como homossexual.

Como católico praticante, vendo tudo aquilo, veio a vontade de fazer algo mais. Ajudava como coroinha, no grupo de jovens, e veio surgindo assim aquela vontade de fazer algo mais, e daí, quando eu vi a oportunidade de encontro vocacional, fiz o teste. Queria ajudar na missão que Deus tem de salvar mais almas. Foi de livre e espontânea vontade. Vendo também o jeito dos padres que estavam na minha paróquia na época, a maneira de se portarem com o povo, aquela alegria, pensei: também quero ser assim. Sobre a minha sexualidade, hoje mais velho, olhando pra minha vida na época em que era jovem e quando eu era criança, vi que já havia traços, mas eu não via como algo relacionado à sexualidade, achava que era coisa de amizade e nunca via como interesse sexual. Durante a minha adolescência, eu sentia atração por meninas e nunca tinha sentido algo a mais por rapazes. Hoje, enquanto adulto e relendo um pouco a história, vejo que talvez aquilo que enxergava como amizade a mais já poderiam ser traços da homossexualidade. Na época, não tinha noção disso, achava que era uma amizade a mais, um amigo especial. Só vim a me aceitar nos últimos anos em que passei na vida religiosa.

Sofri abuso por parte de um padre. No ano em que saí de lá é que fui compreender essa questão como abuso. O fato foi o seguinte: eu estava em uma experiência missionária, e, nessa experiência, por conta do meu jeito simpático de ser, meu jeito com as pessoas, acabei atraindo gente para perto de mim, e isso gerou ciúmes nos padres que estavam lá. Fui proibido de cantar, de dar formação, de ajudar na catequese, fui proibido de inúmeras coisas. Eu componho, toco, canto, escrevo bem, isso acabou gerando ciúmes e fui proibido de fazer tudo isso. Por exemplo, eu compunha música e o meu superior falava para eu parar porque já tinha compositor na casa. Nisso, eu me vi sozinho. Era uma casa com um grupo pequeno, ficaram algumas pessoas contra e só uma a favor. Num determinado momento, esse que estava a favor falou o que sentia por mim e eu respondi que não era a mesma coisa que eu sentia por ele. Num primeiro instante, quando ele falou de suas intenções e suposto amor, eu falei que não. Após isso, uma vez eu acordei com ele fazendo sexo oral em mim. Acordei e o chutei. Ele sempre tentava e eu me esquivava. Nisso, a comunidade inteira ficou contra mim, pois ele também passou a se posicionar de maneira contrária. Diante de tudo isso, eu estava numa situação psicologicamente insustentável, então comecei a ceder. Comecei a permitir que fizesse sexo oral, depois houve penetração umas três vezes. Ele tentava mais vezes, mas eu fugia e enrolava. Sempre que eu permitia, me sentia muito culpado, sentia nojo e ainda procurava outro padre para me confessar. O que me doeu ainda mais foi quando precisei utilizar o computador desse padre para fazer um trabalho e ele tinha deixado um aplicativo de mensagens aberto. O computador estava em descanso, mexi o mouse e tive uma surpresa. Havia uma conversa dele com outro padre contando tudo o que estava fazendo comigo. Falava num tom de aventura sexual, aumentava e me usava como troféu, como uma conquista. Quando os outros membros da comunidade descobriram, me chamaram para conversar e fizeram várias perguntas, sobre quantas vezes tinha acontecido, qual tinha sido o ato e se houve penetração ou não. Também começaram a divulgar entre os irmãos mais velhos. Além disso, me colocaram numa posição como se eu tivesse ido procurar o tal padre. Disseram que eu estava me fazendo de vítima e chegaram ao absurdo de falar que me insinuei. Comecei a ser proibido de conversar sozinho com outros irmãos e também não podia tomar banho nos banheiros comuns, tomava no banheiro da empregada. De momentos em comum eu também era proibido de participar. A filmes ou atividades com outras pessoas eu não podia comparecer. Fui punido por uma situação em que fui vítima, mas o padre abusador não sofreu nenhuma retaliação e permanece lá até hoje. Depois que saí do instituto, fui difamado nas igrejas em que participava e foram ao meu serviço pedindo para que tomassem cuidado comigo.

Depois que saí, percebi que havia muitos [homossexuais dentro da Igreja]. Aqueles que eram mais declarados eram perseguidos, de certa forma. Posteriormente eu descobri que poderia ser gay se não fosse descoberto. Havia aqueles mais progressistas, com um discurso acolhedor aceitando os trejeitos, e havia aqueles mais conservadores, que queriam mandar embora [os gays] e sugeriam que tinham que trabalhar esse jeito [afeminado]. Das experiências que tive após sair, percebi que o número de padres gays é muito grande, eles têm que viver escondidos e, muitas vezes, com uma vida dupla. Se forem descobertos, podem sofrer punições. Se essa questão da homossexualidade for algo difícil para eles, até nisso podem sofrer punições.

Até hoje tenho amigos que estão lá dentro, que são padres e relatam que não podem pedir ajuda, pois, se em algum momento derem algum indício, serão perseguidos. Na minha visão, deveria haver uma maior aceitação, ver isso não como uma monstruosidade ou pecado, mas como uma parte da pessoa. Assim como os padres héteros podem fazer um bom trabalho, os gays também. Tudo bem que a castidade é uma regra da Igreja, mas, independentemente da orientação sexual, ela deve ser para todos. Da mesma forma, se [o assunto] for tratado com naturalidade, isso contribuirá para uma vivência mais leve, e eles poderão se entregar para a Igreja, para aquilo em que acreditam e da forma que são. Sem precisar esconder uma parte deles, sem precisar esconder uma característica para poder viver dentro daquilo em que acreditam. Se isso fosse tratado com naturalidade, poderia haver menos escândalos, porque eles não precisariam esconder até a panela de pressão explodir.

Eles [os aspirantes à vida religiosa] escolhem o sacerdócio por conta de uma questão social de como a homossexualidade é tratada. Ela é vista como algo errado, vergonhoso, algo a ser escondido, um pecado. Então, muitas vezes, o homossexual que cresce na Igreja sempre vê sua homossexualidade como algo a ser rechaçado. Quando o indivíduo está na Igreja, numa posição de clero, como escolhido de Deus, e tem algo em si que é visto como ruim, ele passa a ser visto somente como tendo algo bom. É uma forma de ocultar aquilo que é visto como ruim e passar a ser admirado. Não vai viver aquilo que sente e será admirado, se não for descoberto. Hoje, ver dois homens na rua é ruim, mas ver um padre... "Ah, olha que lindo!". Isso tudo acaba atraindo muitos gays pro seminário. E, quando muitos descobrem a homossexualidade lá dentro, acabam não querendo sair, porque vão ter que assumir outra coisa lá fora. Por exemplo, lá dentro eu tive uma experiência em que me interessei por outro seminarista. Chegou um momento em que percebemos o que sentíamos um pelo outro e fui sincero; disse que lá dentro não daria para vivermos a relação. Questionei se ele queria sair para podermos viver nossa vida lá fora e ele falou que não, pois iria perder muito se saísse de lá e que não teria coragem de encarar a realidade fora da Igreja. A Igreja acaba sendo um refúgio. Há todo um prestígio lá. Quando você está lá dentro você é um herói. O herói da família, do bairro, da população. Quando você sai, se torna o pior monstro que existe na Terra. Se sai e se se assume gay, torna-se o pior monstro duas vezes. Esse rapaz de que falei é

> padre e não se aceita. Creio que se tirassem todos os gays do sacerdócio ainda existiria Igreja, mas seria um padre para vinte paróquias e centenas de comunidades. Se fossem mandar todos os homossexuais para fora do clero e dos seminários, não teria como atender a demanda.

De fato, quando se entra no seminário, a família do candidato ao sacerdócio passa a receber uma atenção privilegiada; lembro que passei por essa experiência. Por exemplo, quando saí, já não tinha a mesma honra, e minha família era constantemente questionada sobre as razões pelas quais eu tinha saído. Para um jovem gay, pode ser muito mais vantajoso permanecer atrás dessa muralha de proteção, camuflando-se, ao mesmo tempo que, em muitos casos, pode vivenciar uma sexualidade velada entre seus pares.

4
Entre a fé e o desejo

E merson está há doze anos na vida seminarística. Grande parte desse tempo, ele passou em uma comunidade de vida e posteriormente entrou para o clero secular. Muitos garotos como ele tiveram seu primeiro encanto vocacional por meio de uma referência sacerdotal. Outro atrativo muito recorrente em depoimentos de jovens vocacionados é o amor pela liturgia, e na experiência de Emerson isso não foi diferente. Religioso convicto e sinceramente engajado na Igreja, ele sempre se entendeu como homossexual, mesmo acreditando piamente ter sido escolhido por Deus para ser um obediente e casto sacerdote católico.

O meu processo vocacional começou aos meus seis anos. Nessa idade, foi a primeira vez que fui à missa, junto com minha vizinha, que era ministra da eucaristia. Lá na igreja, um senhorzinho bem velhinho, de estola e túnica, brincou comigo. Eu nunca tinha visto ninguém vestido assim, foi uma novidade. Ele foi muito simpático, e depois eu o vi celebrando e realizando todos aqueles ritos e gestos no presbitério. Aquilo me chamou a atenção. E ali eu pensei: eu quero ser igual a esse senhorzinho e fazer o que ele faz. O sentimento do chamado é algo verdadeiramente misterioso. Eu já fiquei um ano fora do seminário e tive a oportunidade de me dar muito bem como professor de filosofia. Fiz estágio numa escola e ali eu tive a certeza de que não queria ser professor. Conheci um rapaz que me amou de verdade e que queria construir uma vida comigo, mas nada disso me completava. Namorei esse jovem, que qualquer pessoa iria querer ter por marido, porém eu não me senti chamado a ser esposo. Se eu tivesse sentido o mínimo desejo de morar com essa pessoa, eu me abriria a essa experiência e a assumiria sem medo, mas não. Eu amo a Igreja, eu amo fazer as coisas da Igreja. Hoje eu moro em uma paróquia da zona rural. Trabalho fazendo visitas para levar a comunhão para os doentes, sem internet, sem luxo algum, e sou extremamente feliz, não me vejo fazendo outra coisa. Tenho muita fé no que proclama a Igreja Católica e nos seus ensinamentos referentes a Deus. O que me move é a fé em Deus, na eucaristia. Sem fé não teria sentido o sacerdócio. O que me move é o desejo de ser padre para todos, para os católicos e não católicos, ser padre para aqueles que me tiram da zona de conforto e pensam diferente de mim. Eu tenho doze anos de caminhada religiosa e não me iludo com o endeusamento do sacerdote. O que me move não são os panos, os ritos poderosos que perdoam pecados e transformam o pão em Deus. Tudo isso faz parte, mas não é meu intuito me sentir o Super-Homem por causa disso. Quero usar tudo isso pra ser "Igreja em saída". Consolar os pobres e os sofredores, saber dialogar com todos e promover a paz.

Sempre tive atração pelo mesmo sexo. Aquela história clichê de ficar com o primo eu vivi na pele. Então, sempre tive consciência de que nasci assim. Eu nunca falei de sexo com minha família, de um modo geral. Não somente sobre homossexualidade, mas sexo como um todo sempre foi um tabu. Isso gerou em mim uma timidez muito grande, a ponto de eu viver bem reprimido. E tudo se tornou pior quando comecei a frequentar o movimento carismático, onde tudo era pecado, tudo era do demônio. Eu me confessava direto, com peso na consciência, mas com o tempo eu fui aceitando essa condição e hoje eu encaro bem essa realidade. Pra contextualizar, vim de um lar tradicional, e ser homossexual é inaceitável para a minha família. Então eu sempre respeitei o lado deles, pelo fato de terem sido criados na roça, com aquela mentalidade machista. Um machismo que veio da rudeza da vida que eles levavam. A heterossexualidade é um valor muito grande pra minha família, então eu nunca me assumi, em respeito também àquilo que eles têm como valor. Eu sempre encarei com naturalidade a minha condição, até entrar pra vida religiosa. No seminário, mantínhamos todo tipo de relação sexual, e, sempre que éramos descobertos, recaía sobre nós uma chuva de humilhações e moralismos, colocando Deus contra nós. Muitas vezes me confessei mais por um peso na consciência do que por arrependimento, um peso que me colocaram através de doutrinas que massacraram meu psicológico. Eu me via indigno de comungar, de estar diante do próprio Deus, e por vezes deixava de rezar e pedir alguma coisa pra Ele por me sentir indigno. Até que um dia foi a gota d'água, quando minha superiora me perguntou, na frente de algumas pessoas, expondo-me à humilhação pública, se eu gostava de "chupar pinto". Eu fiquei muito envergonhado e respondi: "Gosto, sim, mas não estou chupando o pinto de ninguém". Isso me libertou um pouco, porque eu pude encarar o sistema que queria me humilhar na frente das pessoas. "Assumir-me" publicamente me fez bem. Na hora, foi mais como um ato de rebeldia, mas foi muito bom poder falar. Algo que me ajudou muito foi a terapia. Eu tive a graça de ter um psicólogo que não tinha nada a ver com a Igreja e me fez enxergar a naturalidade da homossexualidade, embora ele pegasse no meu pé quanto à fidelidade ao celibato, pelo fato de eu ter escolhido estar ali naquele sistema.

Eu acredito que o celibato possa ser uma condição do homem solteiro pelo fato de que um padre de verdade, que ama a Igreja, possa se dedicar totalmente a ela. E eu acredito na doutrina dos sacramentos em que a ordem e o matrimônio são duas vocações distintas. Eu sou a favor do termo "celibatário" no sentido francês do célibataire (solteiro), e não no da ideia de "castração" (que, por sinal, fica só na ideia mesmo), porque, na prática, ninguém é castrado. Se o padre quer viver, viva. Se ele quer ter relação com homem, mulher, trans etc., que tenha. É a vida pessoal dele.

Essa liberdade de vivenciar a sexualidade livremente é um avanço que custaria muito para a Igreja. Essa instituição fincou suas bases ao longo dos séculos amparada no discurso moralista, e, caso renuncie a esses dispositivos de controle, perderá consideravelmente sua influência e seu poder, o que já vem acontecendo no decorrer das últimas décadas. A religião precisa da crença no pecado para que possa controlar as mentalidades, por isso continua a disseminar que a homossexualidade e a bissexualidade são desvios de conduta. Ela também precisa proibir seus clérigos e religiosos de viver relacionamentos, pois teriam que dividir sua rotina de trabalho com a família. A Igreja exige dedicação exclusiva, não quer dividir seus membros com mais ninguém, é ciumenta. Além disso, há uma questão financeira e outros fatores que exigiriam mudanças na estrutura orgânica. Um padre casado implicaria mais despesas e casas maiores para acomodar toda a família. Como, em muitos aspectos, a Igreja funciona como uma empresa privada, ela precisa enxugar a receita e pensar em lucros. Funcionários com dedicação exclusiva e sem famílias para sustentar são o arranjo perfeito.

5

"Minha brincadeira preferida era celebrar a missa"

Micael foi ao seminário para experiências vocacionais muito precocemente. Com apenas oito anos, ele já visitava uma congregação de linha tradicional no extremo sul da cidade de São Paulo e, com doze, ingressou nela definitivamente.

A minha vocação para o sacerdócio despertou quando eu tinha apenas oito anos de idade, enquanto frequentava a Igreja. Morava perto de uma paróquia onde, desde a minha infância, eu estava profundamente envolvido em atividades. Fui coroinha, participei das aulas de catequese e dei aulas depois de um tempo, integrei o coral e me envolvi em diversas atividades. Foi nesse contexto que a semente da vontade sacerdotal foi plantada. Naquela época, minha brincadeira preferida era celebrar a missa, e lembro-me com clareza do meu diretor espiritual, que me dava hóstias não consagradas para que eu celebrasse missas em casa. Ingressei no seminário menor aos doze anos e permaneci até os quinze anos, em uma congregação religiosa tradicional. Depois, no seminário diocesano, participei do período vocacional e do propedêutico dos quinze aos dezoito anos, momento em que tomei a decisão de sair tanto do seminário como da Igreja, de forma definitiva.

A descoberta da minha orientação sexual foi um processo gradual e desafiador. Não recordo a data exata, mas posso dizer que a consciência de ser homossexual foi se desenvolvendo gradualmente. Em uma sociedade preconceituosa, principalmente em um contexto religioso, essa jornada foi complexa. No entanto, tenho uma lembrança marcante dos meus quinze anos, quando vivi um relacionamento amoroso com um rapaz três anos mais velho que também era seminarista. Foi nesse momento, dentro do seminário, que tive a certeza da minha homossexualidade, através de gestos, carícias, o nosso primeiro beijo e a nossa primeira relação sexual. Esse episódio tornou a minha orientação sexual incontestável, e nunca senti a necessidade de explorar relacionamentos com mulheres, por exemplo.

A minha experiência no seminário enquanto assumidamente homossexual foi complexa. Durante o período no seminário menor, eu ainda não havia reconhecido completamente a minha orientação sexual. Sabia que sentia atração por meninos, mas sofria com o preconceito devido ao meu gosto por atividades que eram mais associadas ao universo feminino. O fato de não gostar de jogar futebol, por exemplo, me rendia apelidos desrespeitosos. No entanto, no seminário diocesano, muito diferente do seminário da congregação religiosa, encontrei um ambiente onde os meus trejeitos não eram motivo de discriminação e vivi algumas experiências amorosas que guardo com carinho, tanto por serem as primeiras como pela sensação de proibição que as cercava.

No exemplo, Micael deixa claro que sofria preconceito em um seminário, e no outro não. Lembro-me de ter passado algo semelhante no seminário menor quando me recusava a jogar futebol. Em muitos momentos, eu era obrigado por um clérigo orionita (religioso de votos simples) a jogar só para provar uma suposta masculinidade. Alguns seminaristas que usavam o jogo para se vangloriar e arrotar uma suposta superioridade, às escondidas mantinham relações sexuais comigo e com outros. A moral sexual católica submete as pessoas a esse tipo de depravação, aquela corrupção contra a própria essência.

Outro aspecto interessantíssimo está na fala sobre a "sensação de proibição que as cercava" quando Micael mencionou suas experiências afetivo-sexuais no seminário. O que o catolicismo faz é exatamente isso, fetichizar pela proibição. Ao tornar tabu essa questão, ela cria novos conceitos de prazer, ou seja, de uma forma ou de outra a sexualidade irá, em algum momento e de alguma maneira, se expressar. O resultado não só é o oposto do esperado, como é também potencializado.

> A Igreja deveria adotar uma abordagem mais inclusiva e compreensiva em relação à homossexualidade. A orientação sexual é uma parte natural da identidade de uma pessoa, não uma escolha. Hoje em dia, essa questão não me afeta mais, já que deixei o catolicismo e me converti ao budismo, que possui uma visão muito mais aberta em relação à sexualidade, distante da concepção de pecado e culpa que prevalece na Igreja Católica.

Uma tendência observada em inúmeros exemplos é justamente essa — ao passo que a pessoa se integra, ela começa a se aceitar, a perceber que não há nada de errado com ela, e busca experiências de fé que sejam mais abrangentes e menos negacionistas. Em outros casos, uma atitude mais radical é o total abandono de qualquer vivência religiosa, pois, teoricamente, para um agnóstico ou ateu, não faz nenhum sentido a homofobia, já que se pode afirmar sem medo que é a religião, em primeiro lugar, a responsável pelo ódio homofóbico. É a religião que produz com maestria, que se nutre e que até mesmo *se faz* por meio do ódio homofóbico. Esse discurso mantém púlpitos em pé. Essa pauta dita da moral e de costumes bons[58] é a força para um fluxo retroalimentador em que o machismo, pai da homofobia e em muito um filhote da decadência religiosa, dá sustento à religião.

---

[58] Textos como os do pseudopsicólogo Gerard J. M. van den Aardweg são publicados e vendidos por editoras católicas como a famosa Santuário. Em um de seus livros sobre a homossexualidade, *A batalha pela "normalidade" sexual e homossexualidade*, ele afirma que gays precisam de cura e tratamento, pois são doentes, anormais, imaturos, entre outras aberrações. É claro, ao longo de todo o texto, o forte viés religioso e nada científico do autor.

6

Refugiado entre os capuchinhos

Louis tinha 29 anos na ocasião desta entrevista. Ele entrou com dezoito anos e permaneceu por três anos e alguns meses na Ordem dos Frades Menores Capuchinhos (OFMCap), importante ramo do franciscanismo. O catolicismo devoto de sua família, tal como de boa parte das famílias brasileiras, foi crucial para a sua escolha pela vida religiosa e sacerdotal.

Eu venho de uma família muito católica, e desde muito cedo fui educado a acreditar na fé católica e a pô-la em prática, como ir à missa todos os domingos, receber todos os sacramentos, participar de eventos da paróquia. Mas, com o tempo, fui descobrindo que sentia atração por homens, e vi isso por muito tempo como um pecado gravíssimo diante de "Deus". Foi em meio a todo esse alvoroço na minha cabeça que decidi tentar a vida religiosa. Era a única forma de esconder quem eu realmente era, pois nem eu mesmo me aceitava, quanto mais minha família. Ser sacerdote seria fácil até demais para ser aceito na minha família.

A princípio entrei no seminário por conta da minha não autoaceitação, e depois pelo medo da não aceitação da minha família. Eu imaginava que pelo fato de ingressar na vida religiosa tudo mudaria e que o que eu estava

A vida secreta dos padres gays

> sentindo [atração por homens] seria passageiro. Foi tudo ao contrário. Foi dentro do seminário que os desejos começaram a se inflamar mais ainda. Não tive experiências amorosas e sexuais dentro do seminário, mas não por falta de vontade. Eu estava muito engajado também com a vida religiosa. Eu evitava contato demais com meus colegas, pois existia o peso da religião sobre mim, em relação ao pecado. Eu fugia de "situações perigosas".
>
> Existia muita pressão sobre aqueles que eram afeminados e brincadeiras abusivas. Eu tinha dois colegas na minha turma que sofriam muito. Em conversas particulares com eles, percebia que nada estava bem. Conversávamos a sós no quarto, mas eles nunca se abriram comigo em relação à sexualidade. Isso me confortava, pois eu não queria entrar no assunto e me sentir obrigado a falar sobre quem eu era. Tenho muita dificuldade de mentir. Na minha turma éramos doze. Acredito que sete eram homossexuais, sem contar os homossexuais de outras turmas, com quem eu tinha uma certa proximidade também. Havia um que era meio apaixonado por mim. Sempre fazia brincadeiras comigo, com muita afeição, toques. Eu não sou idiota. Eu sabia que ele adorava me tocar. Na época, eu malhava um pouco no seminário, pra não acabar como os outros seminaristas, que passavam a vida comendo, dormindo e rezando, tornavam-se obesos no final. Eu via no olhar dele que me desejava. A Igreja deveria tratar a questão da homossexualidade primeiramente sendo verdadeiros com eles mesmos. Todos nós sabemos que a maior parte do clero é formada por homossexuais enrustidos. A instituição deveria mudar sua postura em relação à sexualidade homoafetiva e até mesmo de forma geral. Caso contrário, o celibato continuará sendo uma válvula de escape para gays que não se assumem por causa do medo da reação das pessoas próximas, ou até mesmo por causa da moral cristã em si próprios.

Em mais de um depoimento, aparece a questão dos afeminados como um problema. É um tanto complicada essa limitação, diante da própria estética católica que realça o feminino. Será que alguém realmente crê que tantas rendas, panos, ornamentos, flores, detalhes artísticos, pinturas, trejeitos simbólicos na ritualística sacramental etc. são características do universo masculino, em uma cultura machista como a nossa? A sublimação permite que esses padres afeminados transformem seus comportamentos inaceitáveis em aceitáveis e permaneçam, em muitos casos, escondidos por trás de batinas e rituais medievais exagerados e vazios. É interessante que o seminário, por ser essa muralha de proteção, acabe por proporcionar o flerte, o primeiro amor, as "amizades particulares", mas que, infelizmente, estão sempre cerceadas pela lógica do proibido e do pecaminoso.

7
Um forasteiro

A chei por bem não limitar minhas entrevistas a homossexuais. Quis escutar a percepção de dois homens heterossexuais que passaram, respectivamente, no clero e em seminários católicos: padre Beto e o ex-seminarista William. É importante essa escuta, pois a socialização heterossexual é completamente diferente da homossexual. Este último foi membro de uma congregação religiosa de origem europeia e morou em seminários distantes de sua cidade natal. William foi bem-intencionado para o seminário, entendendo esse caminho como edificante para e por sua fé. A convivência na instituição, porém, desvirtuou seu projeto:

> Quando optei pelo sacerdócio, foi com a intenção de pregar a palavra e me dedicar 100% a isso. Mostrar o verdadeiro Jesus, que é amor, amparo e salvação, e não o que muitos pregam: um cabresto, frio e hipócrita. Mas ao tentar seguir esse caminho encontrei dificuldades na convivência, pois não é só ter vocação. Tem muitas pessoas problemáticas nesse meio (padres, seminaristas e leigos). Pessoas que não têm uma sexualidade saudável consequentemente não têm equilíbrio para ser líderes. Pessoas que eram controladas por sua sexualidade faziam e fazem coisas absurdas, inclusive chantagens emocionais, intrigas e ciúmes. Para se ter ideia, onde eu estava, na obra de caridade, que é um orfanato, meu "diretor" queria que eu fosse submisso a ele. Ele era sádico, lunático e

depressivo. Ele queria que eu o bajulasse. Falei que não era puxa-saco de ninguém. Foi exatamente aí que ganhei um inimigo. Ele é tão pervertido que, uma vez, enquanto assistíamos ao jornal, sem querer ou por querer, o celular não estava no silencioso, ele estava pesquisando sobre "sexo oral" e a assistente virtual falou bem alto. Eu quis rir, mas me contive. Ele ficou com medo de eu falar para o provincial. Fiquei pensando se os padres "psicopatas" não se encaixam nessa história. Pois conheci uns bem doentios, que estavam apaixonados por seminaristas e faziam o inferno na vida da pessoa.

Na minha congregação, a maioria era gay, mas minha maior raiva não era por serem gays, e sim porque, como eu não correspondia às investidas, me excluíam das coisas (passeios, conversas e até da comunidade). Na verdade, eu me sentia excluído por não compartilhar dos mesmos gostos [homens]. No dia a dia, eles [padres] tinham seus seminaristas preferidos por conta da sexualidade deles. Como convivi nesse ambiente, peguei alguns vícios de palavras e gestos, porque era outro mundo. Alguns vícios de linguagem, expressão corporal etc. a gente acaba assimilando.

Por tudo isso, a Igreja deveria tratar a questão da homossexualidade internamente com mais respeito na vivência do dia a dia. Acolhendo cada vez mais. Uma forma seria a de o padre poder se assumir gay, pois, no final das contas, o sentimento de sexualidade controlada é tanto pra um quanto pra outro. Deixando de ser hipócrita, com discursos de ódio para algo que não é fácil para o sacerdote nem para o seminarista. O sentimento a ser controlado [sexualidade] é tanto para o hétero quanto para o gay. Sou favorável ao celibato, pois a pessoa já vai sabendo que não vai ser fácil.

Nas palavras do provincial da congregação, "eles (os gays) têm a sensibilidade, o toque, e têm mais intensidade no trabalho e amor pelas obras". Alguns se sentem realizados e colocam toda essa afetividade em prol do bem. Outros têm uma vida boa. Vejo que hoje em dia muitos gays não procuram mais [o seminário e a vida religiosa] para se "esconder", até porque não disfarçam sua sexualidade — nem querem. Alguns são assumidos dentro do seminário. O que sou contra é com relação à vida dupla. Eles fingem ter uma vida supersanta, mas, na verdade, são umas loucas, em festas regadas a bebidas, orgias e até mesmo drogas. Às vezes, essas festas aconteciam na própria congregação.

8

De excluídos a escolhidos

Theodoro nasceu numa humilde família católica no Norte do Brasil. Como muitas crianças e adolescentes em contextos sociais de exclusão, dedicava boa parte de sua força à Igreja, talvez para se sentir especial num mundo de tantas desigualdades. Afinal, servir ao Deus cristão é considerado um privilégio. Nesse contexto, sentiu o chamado ao grupo vocacional de sua paróquia de origem e, com apenas quinze anos, entrou para o convento de uma ordem franciscana. Na ocasião, fazia pouco tempo que estava compreendendo sua orientação homossexual, e demorou bastante até assimilar sua sexualidade. Ele concedeu o seguinte depoimento, com a idade de 31 anos, assumido e casado.

Acho que desde os meus treze anos eu já tinha atração pelo sexo masculino, mas consegui me resolver bem somente mais tarde, lá pelos 25 anos. Eu nunca me aceitei. Fui católico, atuei como coroinha dos onze aos quinze anos, em seguida participei do grupo de vocacionados, onde você pega um pouco da experiência para poder de fato entrar no seminário, e, depois de um tempo, entrei na ordem e fiquei seis meses. Porém, no seminário, acabei tendo um surto e tive que retornar para minha cidade natal, seguir com a minha vida e terminar meus estudos. Depois mudei de estado e meu lado gay aflorou, conheci baladas e um pouco do mundo gay, mas, mesmo assim, ainda não me aceitava. A religião tinha um peso de 100% na minha não aceitação. Como fui criado na Igreja Católica, lembro que me baseava muito na Bíblia, naquilo de que ser gay é pecado, que eu não podia ficar com outro homem, que tinha que me casar com mulher. Era um peso muito grande pra mim. Ia pra boate e me divertia horrores, mas, ao sair de lá, vinha um peso, uma culpa, e ficava muito infeliz. Nessa fase de não aceitação, eu fui pra igreja evangélica. Fiquei de três a quatro anos na Assembleia de Deus Ministério do Belém e coloquei na cabeça que, por ser mais rígido lá, eu poderia me curar e me converter do fato de ser gay. Passados todos esses anos no meio evangélico, eu percebi que não daria certo e que estava criando uma outra personalidade. Resolvi sair pela porta da frente e falei para toda a coordenação sobre a minha decisão, disse que estava me assumindo gay e que não poderia mais participar de um ministério no qual não professava mais aquela fé. Depois que me assumi, há muita diferença, eu sou uma pessoa mais livre, feliz, e hoje eu falo que realmente sou feliz. Hoje, eu vou a uma boate e danço, brinco, saio tranquilamente, sem aquele peso. Eu acredito em Deus, mas não tenho religião. Estudo a filosofia budista. Sou uma pessoa muito feliz, tenho meu esposo, estamos casados há cinco anos. Hoje posso postar minhas danças, sempre gostei muito de dançar. Posso postar qualquer coisa voltada ao mundo LGBT e tudo bem. Me sinto muito feliz. Foi uma página virada depois da minha aceitação. O ponto crucial que me levou ao seminário foi para agradar a minha avó, que era bem católica. Ela tinha uma expectativa em mim por eu ser da Igreja, ser coroinha e participar do grupo de jovens. Quando eu vi isso, coloquei essa carga sobre mim e pensei: eu que vou ser o padre da família. Esse foi um dos motivos, e o outro era fazer uma faculdade dentro do seminário. Pensei que iria fazer ao menos duas faculdades, filosofia e teologia, e sair de lá formado caso não desse certo. No seminário, nos seis meses em que lá permaneci, tive apenas uma experiência relacionada à sexualidade. Eu estava roçando mato na parte de baixo do convento e alguém gritou da janela, lá do alto. Quando olhei, um seminarista estava nu e mostrou o pênis para mim. Na minha adolescência, eu tinha muito medo das coisas. Tinha medo de chegar, de falar alguma coisa, de dar em cima. As coisas ficavam só na minha mente, então nem fui em busca de colocar em prática aquela cantada nada convencional. Esses jovens buscam o seminário para se esconder do que realmente são. A maioria deles é homossexual, então, buscam fugir ou fazer uma faculdade, por não terem condições, como foi meu caso. Procuram ser padres até mesmo para sobreviver. Às vezes, eles vêm de famílias que não têm condições sociais para se manter.

Atender às expectativas dos outros em relação à vida, à profissão e aos sonhos não deveria ser objeto da dedicação de ninguém. Primeiro precisamos de autorrealização profissional, jamais viver pelos outros. Com relação à escolha pelo sacerdócio como meio de ascensão social, confirmo que é comum. Fazendo um paralelo com minha própria vivência, lembro que, na minha época, muitos diziam que estavam ali apenas pelos bens materiais que aquela vida lhes podia proporcionar ou até mesmo para simplesmente comer bem. Mais uma vez, entra em campo o problemático jogo de retirar alguém de uma posição de excluído para o lugar de escolhido de uma forma questionável. Na minha primeira turma, todos os doze eram de famílias pobres. Tive a oportunidade de visitar as casas da maioria deles no interior do Pará, em regiões de zona rural, bem afastadas das cidades. Era tudo muito precário, e suas famílias viviam na extrema pobreza na maioria dos casos. Essas visitas faziam parte da programação anual do seminário, quando os formadores e seminaristas realizavam "missões" vocacionais nas cidades de origem dos membros da comunidade religiosa. Minha família foi visitada em uma dessas oportunidades.

Ao entrar no seminário, o jovem ou adolescente gay e pobre pensa resolver duas questões de uma só vez. Na verdade, ele pode muito mais facilmente operar uma mudança gradual de classe social e obter acesso a bens de consumo, porém, com relação à sexualidade, geralmente irá apenas camuflar a questão, tanto quanto for possível.

Theodoro completa:

> Eu acho que os padres poderiam casar, ter sua vida tranquilamente. Isso para os héteros. Porém, para os gays não faz sentido. Como um padre gay vai pregar de acordo com a Bíblia[59], que fala que a mulher tem que casar com homem? Não se encaixa. Eu não consigo imaginar. Não há como você pregar uma coisa que não vive. É uma palavra destoante.

---

59 Majoritariamente, o cristianismo adota uma interpretação bíblica exclusivamente condenatória da homossexualidade. No entanto, há sim outras interpretações possíveis que levam em conta o contexto sócio-histórico. Um das mais difundidas na atualidade é a que está presente na obra *O que a Bíblia realmente diz sobre a homossexualidade*, do padre e teólogo Daniel A. Helminiak. No tocante ao debate em questão, o autor chega a afirmar que: "O fato de a Bíblia falar com frequência e positivamente sobre os relacionamentos heterossexuais de forma alguma significa uma condenação das relações homossexuais. Isto fica ainda mais óbvio porque a Bíblia de fato fala abertamente sobre a homogenitalidade em cinco locais, e estas referências não contêm qualquer condenação genérica" (HELMINIAK, 1998, p. 116).

9

"95% dos meus companheiros de seminário eram homossexuais"

Gustavo, 29 anos de idade quando desta pesquisa, dedicou três anos de sua vida ao seminário de sua diocese. Ao ingressar, com 22 anos, tinha plena consciência de sua sexualidade e era membro engajado da Renovação Carismática. O Renasem, ministério do qual era líder, é bastante conhecido nos meios carismáticos, inclusive já promoveu encontros na sede da comunidade católica Canção Nova, uma das mais famosas do Brasil.

Eu sabia que era gay quando entrei para o seminário, já tinha até tido um relacionamento com um rapaz antes. Eu sempre fui muito apegado à Igreja, até hoje sou católico praticante e membro de pastoral. Participo da missa mais de três vezes na semana. Sou gay assumido e, por incrível que pareça, uma das pessoas que mais achei que seria contra, que é um padre, foi uma das pessoas que mais me acolheu. Mas o povo de Deus dos movimentos carismáticos me excluiu. Minha vocação nasceu dentro da RCC. Quando seminarista, fui coordenador do Renasem do meu estado, um ministério da RCC voltado aos seminaristas. Quase todos eram gays, mas, no Renasem, não se falava sobre isso. Não era como no seminário, em que a gente falava sobre o tema. Mesmo assim, no Renasem havia muitas paqueras.

A vida secreta dos padres gays

Eu, por exemplo, sempre que acabavam os retiros, permanecia mais uma semana na cidade e ficava com alguém no hotel. Toda vez. No Renasem, ninguém falava absolutamente nada sobre sexualidade, não tocavam nesse assunto. Eu conheço o Brasil inteiro praticamente por conta dos eventos do ministério. Conheço muitos bispos, padres e religiosos. Meus melhores amigos são padres, tenho muitos amigos seminaristas, amigas freiras e alguns amigos bispos.

Cerca de 95% dos meus companheiros de seminário eram homossexuais. Morei em duas casas de formação, propedêutico e filosofia. Na filosofia, éramos cinco dioceses juntas no mesmo seminário. Pelo que me recordo, me relacionei com uns dez membros, entre padres e seminaristas, nesses três anos. Entre os seminaristas não tem segredo, falavam do assunto livremente, e os que são bonitos sofrem muito assédio[60]. Tantos optam por essa [...] não acho que seja para esconder a sexualidade, porque eu não fui para lá com essa intenção. Pode haver alguns que seja por isso, mas é muito particular. Os gays cuidavam da decoração, eram acolhedores com relação às pessoas e organizavam muito bem eventos e solenidades. Também se dedicavam mais à oração. Os héteros não ficavam muito tempo rezando, os gays eram mais piedosos.

Depois de três anos, eu fui expulso do seminário. Aconteceu que vazou uma conversa minha com um padre com quem eu mantinha relação sexual, e eu fui punido, mas o padre não. Ele nem foi chamado para conversar. Dos que me expulsaram, um era gay e o outro acredito que seja hétero. Após ser dispensado, procurei outros seminários, entre diocesanos e religiosos. Em um desses seminários, o padre que me acolheu havia bebido no dia em que cheguei. Na ocasião, ele me agarrou e eu disse que não queria; foi quando ele falou que se eu quisesse entrar naquela diocese seria dessa forma, pois de outro modo não entraria. Esse padre não era formador nem reitor, mas era próximo ao bispo. Para eu poder ser indicado ao bispo, eu teria que ter algo com ele.

Falta a verdade. Falta falar nitidamente sobre essa questão: "Olha, a sexualidade é isso, ela é um dom de Deus, mas vocês são convidados, como os heterossexuais, a viver a castidade e o celibato. Vocês podem contar com nossa ajuda". Deveriam falar disso nas formações e tratar como algo

---

60 SERBIN, 2008, p. 150.

natural, com um olhar diferente e humano. Não sou a favor do celibato, mas está no celibato no momento e não vai mudar. Então, já que eles encaram a sexualidade heterossexual diferente, a questão da afetividade, eles deveriam também tratar a homossexualidade. Tratar não assim de a pessoa se assumir gay e ser mandada embora, mas tratar realmente. Não como cura gay, não digo isso, mas as fragilidades, carências...

10

"A Igreja vai ter que se abrir. Querendo ou não, é um escândalo atrás do outro"

Camilo Souto ingressou com dezoito anos numa poderosa e conhecida ordem católica, instituição de muito poder financeiro e influência que, apesar do nome de peso, tem diminuído em número de membros. Ele permaneceu por seis anos na comunidade religiosa e, quando saiu, já estava no curso de teologia, além de ser religioso de votos simples. O curso de teologia, que dura de três a quatro anos, é geralmente a última etapa formativa antes das ordenações diaconal e presbiteral, respectivamente.

Dentro do seminário acontece de tudo. Hoje vários da minha época já são padres. Me relacionei com alguns, cerca de quatro. Desses, tem um que vai ser ordenado diácono, dois padres e um que saiu, que se assumiu e é casado com outro homem. Eu também tenho meu namorado atualmente. Uma vez, no propedêutico, uma pessoa falou uma coisa muito interessante. Porque, às vezes, a gente vai muito querendo julgar, falando que vão para a Igreja para se esconder, pois ela seria uma fortaleza onde as pessoas ficam protegidas. Ela seria como um armário, mas, às vezes, são só pessoas que querem uma vida diferente. Existem muitos bons padres. Penso que há quem procure [o seminário] por querer algo diferente. Eu entrei no seminário porque tinha muita vontade de ser padre, até hoje sinto saudades, mas tem a sexualidade também, que é outra questão muito profunda. Para que isso seja resolvido, uma possibilidade seria acabar com o celibato, pois a pessoa, sendo homossexual ou bissexual, tem que viver isso. É importante salientar que muitos são bissexuais. Como diz até num livro sobre sexualidade do Antônio Moser[61], não existe uma sexualidade absoluta. Uma vez eu escutei o ex-provincial da ordem falar uma bobagem, por não entender do assunto, que para ser padre não pode ser homossexual. Eu acho que é a mesma coisa do heterossexual. Você vai sabendo que tem que viver o celibato. É aquela coisa que Frédéric Martel fala, quanto mais moralista, pior é. Esses padres que falam demais de homossexualidade... Eu acho que a Igreja está cada vez mais se abrindo. Vejo bispos falando sobre o assunto abertamente, e, pelo jeito que está indo, uma hora a Igreja vai diminuindo, diminuindo, e, como dizia Bento XVI, vão se tornar cristãos verdadeiros quando voltarem a ser um pequeno grupo. O verdadeiro problema é a questão do poder. Leonardo Boff escreveu o livro *Igreja: carisma e poder* sobre isso.

"Querer algo diferente" pode ser uma escolha que sinalize pessoas que são socialmente tratadas como *diferentes* por não se adequarem às *performances* de gênero. As nossas vontades, os nossos desejos e a nossa "vocação" podem ser socialmente influenciados. O sacerdócio está numa categoria que implica uma decisão, uma escolha supostamente livre e consciente por algo *diferente*, mas não qualquer diferente. É da ordem do divino, pois também é um chamado. Uma vontade que conduz a privilégios, ao ser em si mesmo a consagração da união ao Diferente por excelência, a essência do que é ser Deus. *In persona Christi* homens gays conseguem viver sua homossexualidade negada, *no* Diferente os diferentes tornam-se um. Nas palavras do filósofo alemão Ludwig Feuerbach, "Deus nasce do sentimento de uma privação; aquilo de que o homem se sente privado (seja essa uma privação determinada, consciente ou inconsciente) é para

---

[61] O livro referido é *O enigma da esfinge: a sexualidade*, do teólogo Antônio Moser.

A vida secreta dos padres gays

ele Deus"[62]. Em suma, quanto mais homens gays verdadeiramente livres, menos gays padres católicos.

> Você deve ter ouvido falar do caso de um padre dos camilianos[63], que inclusive foi provincial deles, que saiu nos jornais de Brasília. Esse padre era excelente, uma pessoa de bom coração, maravilhoso. Era um grande padre, homossexual, mas teve um momento de fraqueza e tombou. Todo mundo caiu em cima, julgando. Era um padre muito querido por onde passava, todo mundo gostava muito dele, era um bom pároco. Não soube o que aconteceu com ele depois do caso. Os vídeos estavam no celular, alguém pegou e divulgou. Tem muitos padres homossexuais bons, inclusive muitos vivem a castidade e o celibato. Acho que é muito difícil essa questão do celibato. A pessoa tem vontade de ser padre, tem vontade de ser missionário e de pregar o evangelho, mas a questão sexual é uma necessidade básica. Então, não é porque o padre lá transou com um cara, embora eu ache que deveria procurar um lugar melhor, pelo menos, pois foi transar dentro da igreja. Mas eu acho que não é problema, ao mesmo tempo que se propôs a ser padre sabendo que era assim. Deveria ser revisto o celibato. Até hoje o Vaticano não assinou a Carta dos Direitos Humanos. Essa questão do celibato fere os direitos humanos. O celibato deveria ser um direito da pessoa escolher, ao que eles podem discordar: "Ah, mas a pessoa veio sabendo". Porém, ao mesmo tempo, ela quer aquilo.

A pessoa quer ser ela mesma e encontra no sacerdócio um ajuste quase viável. O celibato em questão não é o único problema a ser observado, afinal é salutar para bispos e padres gays que ele exista. Também não há dúvida de que gays possam ser ótimos padres, assim como podem ser péssimos padres por terem que criar redes de dissimulação para a manutenção de sua vida dupla. O "excelente padre" do caso relatado foi criticado principalmente por sua não vivência de algo a que se propôs e certamente em razão da homofobia que domina a sociedade. Imaginemos agora o catolicismo sem

---

[62] *A essência do cristianismo*, 1988, p. 116.

[63] O escândalo gay em questão foi amplamente divulgado pela imprensa do Distrito Federal. O padre José Maria dos Santos, religioso da Ordem dos Clérigos Regulares Ministros dos Enfermos, também chamados de camilianos, foi exposto em vídeo fazendo sexo com outro homem. De acordo com o portal *R7 Brasília*, a arquidiocese afastou o sacerdote e pediu que a ordem religiosa esclarecesse os fatos. Não consegui descobrir o que houve com o padre nem onde ele se encontra após descumprir seus votos solenes.

o celibato obrigatório para o clero, mas opcional. Nessa situação hipotética, homens gays seguramente optariam pelo celibato, ou seja, facultá-lo não resolve todas as questões de sexualidade. Aqui há mais de um ponto a ser observado. Primeiro, que não bastaria eliminar o celibato, mas haver a aceitação plena da homossexualidade e de casamentos homossexuais, para que assim os indivíduos pudessem optar em pé de igualdade. Depois, com uma sociedade e Igreja verdadeiramente não homofóbicas, gays optariam honestamente pelo sacerdócio católico. Esse cenário, a total eliminação da homofobia religiosa para posterior liberação do celibato opcional para todos, heterossexuais, homossexuais e bissexuais, é ainda impossível de ser concretizado. Alguém só pode realmente optar por algo quando sua singularidade é levada em consideração. Sem essa verdade, as pessoas continuarão fingindo escolher, quando, na verdade, elas têm o que lhes restou dentro de suas possibilidades[64] — e ser padre e/ou religioso é uma delas. É quase como um destino, é uma vocação para gays.

> Ideologicamente, a ordem religiosa em que morei é muito misturada, mas os padres novos quase todos querem ser carismáticos, quase todos homossexuais. Onde estudei teologia havia cerca de quarenta alunos na classe, quase todos gays, pouquíssimos não eram. A gente conversava a respeito e eu olhava e pensava: "Meu Deus". Inclusive a FAJE [Faculdade Jesuíta de Filosofia e Teologia] já teve muito problema com isso de "lobby gay"[65]. O moralismo é o que dá crédito e o que dá a visão de uma Igreja puritana. Essa hipocrisia dá aquele ar de pureza, atrai as pessoas. Igual à situação da ordenação feminina. Achávamos que o Sínodo para a Amazônia iria ordenar mulheres ao menos diaconisas, como defende dom Erwin Kräutler[66]. A Igreja é aquela coisa patriarcal, aquela coisa masculina, do macho. Na verdade, a gente vê como é. A minha situação, por exemplo, foi muito chocante. Dos quatro casos que eu tive, fui apaixonado por um deles. A província toda falava que ele também tinha caso com nosso formador,

---

64 Cozzens, ao analisar textos de autores como do monge trapista homossexual Matthew Kelty e do historiador John Boswell, chega à conclusão de que o sacerdócio católico é um meio viável e "compreensível" para homossexuais (COZZENS, 2001, p. 138–141).

65 O *lobby* gay seria um suposto grupo organizado de ativismo gay interessado em influenciar politicamente a Igreja. Essa ideia geralmente é defendida por grupos conservadores direitistas. Já Frédéric Martel, por exemplo, não concorda com esse termo. O sociólogo afirma: "Não é um *lobby*, é uma comunidade. Não é uma minoria que atue, e sim uma maioria silenciosa. Um *lobby* seria gente unida por uma causa. Aqui cada bispo ou cardeal se esconde dos outros e ataca a homossexualidade dos outros para esconder seu segredo". El País, fevereiro de 2019.

66 Missionário da Congregação do Preciosíssimo Sangue, Kräutler é bispo prelado emérito do Xingu, no estado do Pará.

padre que veio a se tornar provincial da ordem no Brasil. Quando meu ex-ficante foi ordenado padre, o superior imediatamente o nomeou formador. Um dia antes da ordenação dele (desse meu caso), eu agi por vingança e mandei uma carta pro arcebispo. Ele tinha começado as investidas desde os encontros vocacionais, depois fomos morar juntos. Eu era muito linha reta, até na questão da masturbação. Tinha muita vontade de ser padre e tinha muito aquilo de que era pecado. Na minha formação, em específico, tínhamos toda a assistência com psicólogos e tudo, diretor espiritual e formador. Mas a questão é quem vai se propor a seguir aquilo. Eu não sei se a Igreja vai mudar, e olhe que já mudou muita coisa. Acho que quem mais acolhe essa área é o pessoal da TL. Essa mudança vai acontecer naturalmente, e a Igreja não vai aguentar. A sociedade vai impondo, tem que engolir. Um ou outro é que vai querer ficar para trás. É um processo que vai se dando naturalmente, apesar de que deve haver discussão e luta. Por exemplo, na própria Igreja tem o movimento LGBT[67]. A Igreja vai ter que se abrir, querendo ou não, é um escândalo atrás do outro. Quanto a mim, não vou dizer que me sinto realizado atualmente, pois, em partes, me sinto melhor, em outras, não. Sinto muitas saudades da vida religiosa, não vou mentir. Tenho saudades das missões, das viagens, de cantar na igreja, de estar em contato com as pessoas e ouvi-las. Do que mais sinto falta é das pessoas.

As falas de Camilo revelam um dado importante levantado por pesquisadores e por outro entrevistado, "gay vai indicando gay". O superior que elegeu seu possível amante ao cargo de formador pode tê-lo feito como premiação. No entanto, vale dizer que muitos neossacerdotes são designados à formação de forma corriqueira. Outra questão muito clara no exposto por Camilo é seu sentimento de amor à vida religiosa até os dias atuais. Talvez aqui fique claro o "querer fazer algo diferente", algo que o tornava feliz, em certa medida. Apesar disso, entre *o que sou* (identidade/sexualidade) e *o que vou fazer* (profissão/vocação), a identidade prevaleceu.

---

[67] Aqui o entrevistado se refere a grupos católicos que trabalham com diversidade LGBT, como os que fazem parte da Rede Nacional de Grupos Católicos LGBT.

11

"Lá dentro, você descobre que está num mundo mais gay do que aqui fora"

Tarcísio entrou para a vida religiosa com dezoito anos. Primeiro, ficou por um curto período em uma famosa e importante ordem religiosa e depois permaneceu por quatro anos em outra ordem bastante antiga. Conversamos pessoalmente por horas e mantive um bom contato com ele durante meses para a produção deste livro. O jovem entrou no seminário cheio de encantos, mas logo descobriu que as coisas não eram como pareciam. Atualmente Tarcísio namora um rapaz, trabalha, estuda e leva uma vida comum.

> Minha caminhada na Igreja começou quando minha mãe me colocou na catequese. Antes disso, ninguém lá em casa frequentava igreja. Minha mãe me colocou na catequese e depois, por conta própria, continuei na Igreja e me tornei coroinha. Nesse processo, comecei a me encantar pela vida religiosa. Pelo fato de estar em contato com a liturgia, eu queria poder viver aquilo. Então, fui buscando formas de sempre estar em contato com isso. Quanto à liturgia, eu gostava da estética, da beleza e de tudo que envolvia o belo, o que eu achava belo naquela época.

A vida secreta dos padres gays

A liturgia católica, principalmente quando "muito romana"[68], é um forte atrativo vocacional, principalmente para gays. O grupo de coroinhas do qual Tarcísio fez parte lida cotidianamente com a organização de cerimônias litúrgicas e paralitúrgicas[69], uma oportunidade de colocar dons comuns a gays a serviço do sagrado. Quando um "profano" (gay) serve o sagrado, ele se redime diante do deus cristão. Quase não falha; os mais "romanos" são gays que estão nesses ambientes por algum motivo. Já vimos aqui que a escolha pelo sacerdócio e pela vida religiosa por gays se dá por motivos variados. A rica liturgia do catolicismo é mais um forte elemento indicativo do motivo por que parte dos seminaristas gays optam pelo sacerdócio.

> Desde criança, eu sabia da minha homossexualidade. Ficava com primos, amigos, fazia aquelas brincadeiras bobas. Então, antes de tudo eu sabia do que gostava e pelo que sentia atração. Dentro dos conventos, em conversas diretas, nunca vi falarem abertamente sobre a homossexualidade, até porque, no primeiro em que passei, fiz dois anos de acompanhamento vocacional e, depois que entrei, fiquei menos de um mês. Não tive a oportunidade de falar do assunto com eles, porque foi muito rápido. Na outra ordem, o formador não falava muito, acho que nunca tocou no assunto no decorrer dos quatro anos em que fiquei lá. Porém, durante o período em que permaneci na vida religiosa, me envolvi com padres e seminaristas. Com padres, uns três ou quatro.

É mais do que comum o envolvimento de padres com seminaristas e de seminaristas entre si[70]. O fato de morarem juntos, às vezes por longos anos sob o mesmo teto, facilita os relacionamentos, muitos com o disfarce da "amizade", ou melhor, das amizades particulares.

> No primeiro convento em que morei, um dos seminaristas, que era menor de idade, se uniu a outro na tentativa de descobrir quem era gay na comunidade.

---

68 Usa-se essa expressão no meio clerical e seminarístico como definição de uma liturgia bem celebrada e que segue à risca os preceitos dos livros litúrgicos.

69 Por exemplo, a *Via Crucis*, ritual religioso comum na quaresma.

70 Em março de 2024, o G1 publicou a história de um seminarista que, após quatro anos no seminário, decidiu sair para viver um romance com outro que havia conhecido lá: "Jovem que queria ser padre deixa a vida religiosa para viver romance que começou no seminário".

Um dia, o formador iria sair na parte da manhã e antes dividiu as tarefas domésticas entre os seminaristas. Éramos quase vinte, todos gays. Quando ele saiu, um grupo de rapazes se reuniu num quarto, e ficaram trancados ali até ele voltar. Depois chamaram o formador para conversar. Em seguida, quando fomos rezar a oração da Hora Média, o padre foi na frente do altar e chamou meu nome e o de mais três seminaristas, pediu que arrumássemos nossas coisas e, se possível, que fôssemos embora naquele mesmo dia. Sem nenhuma explicação, deixando todos assustados, falou apenas que o que fizemos aquele dia foi o cúmulo. Depois ele chamou no particular cada um, mas não contou o real motivo da expulsão. Procuramos o provincial na sede, mas ele não soube o que falar e apenas nos ouviu, pois ainda nem sabia da situação. Na sequência, o formador se reuniu com o provincial[71] juntamente com o seminarista menor de idade e voltou ao seminário, já com nossas passagens para partirmos naquele mesmo dia. Quando cheguei na minha cidade, tentei saber através da minha turma de formação o que havia acontecido. Para minha surpresa, soube que o seminarista menor de idade havia acusado a mim e aos outros três rapazes de termos feito uma orgia dentro da casa. Se tivesse feito, teria saído de maneira justa, mas fui punido por algo que não fiz. Quase um mês depois do acontecido, o garoto que causou o problema pediu para sair.

Tive uma experiência de quase quatro anos em outra ordem religiosa não muito conhecida. Lá aconteceu uma situação que transformou minha vida. Durante um período de férias, mantive relações sexuais desprotegidas com um leigo[72] e, passado um tempo, comecei a ter sintomas de sífilis. Fui encaminhado pelo médico para realizar alguns exames relacionados a ISTs [infecções sexualmente transmissíveis]. O resultado foi positivo para sífilis e HIV. Voltei para o seminário e contei para o formador. Disse que tinha feito o teste rápido para saber se estava com HIV, mostrei o exame constatando que tinha dado positivo e o padre ficou sem reação, sem saber o que falar. Bom, após isso, eu tive que tirar férias e fui para casa. O pessoal do posto ligou dizendo para eu buscar os remédios e iniciar o tratamento. Nesse período de um mês, eu mantive contato com meu formador e ele me pediu autorização para contar para o vicário [superior hierárquico] e verificar o que ia fazer, pois não sabia como lidar com a minha situação. Eu

---

71 O superior provincial, que deu a última palavra no caso, anos depois se envolveu em um escândalo público homossexual.

72 Os leigos são todos os católicos que não participam do sacramento da Ordem.

permiti que contasse, e eles solicitaram que eu fizesse uma carta escrita à mão pedindo meu desligamento, inclusive colocando o motivo. Então, tudo bem, fiz a carta e pedi desculpas pela situação. Eles pediram que eu solicitasse a saída para não ficar uma coisa constrangedora e poder me cuidar. Considero a minha saída bem tranquila, não tenho nada a reclamar deles no tempo em que passei lá.

O desfecho trágico do caminho vocacional de Tarcísio revela como a falta de educação sexual prejudica milhares de jovens. Transar desprotegido pode indicar muitas coisas, inclusive falta de informação de qualidade. Graças aos avanços científicos e à luta da comunidade LGBT, pessoas que vivem com HIV hoje têm qualidade de vida e estão longe dos estereótipos da década de 1980. Tema tabu dentro da Igreja, a saúde sexual não é discutida, partindo-se do pressuposto de que todos os seminaristas e padres são castos e supostamente não precisam dessa instrução, o que está longe da realidade. Na época do seminário orionita, lembro que um colega de outra congregação, que tinha quase a mesma idade que eu, contou-me desesperado que havia contraído HIV de outro seminarista, confrade de sua fraternidade religiosa. Em minhas pesquisas, encontrei informações e dados sobre a questão do HIV dentro do clero católico. No ano de 1989, a revista *Veja* publicou o caso do padre mineiro homossexual Almiro Gonçalves de Souza, que havia contraído o vírus e estava em tratamento de saúde. Até mesmo o padre Donald Cozzens abordou a questão da aids em uma de suas obras, escancarando dados alarmantes sobre o clero estadunidense. O historiador Kenneth Serbin também aborda a temática em um de seus livros ao falar de casos na Igreja do Brasil.

Acho que a Igreja deveria encarar e tentar entender o que cada pessoa sente, porque às vezes eu acho que me tornei mais gay dentro da Igreja do que fora dela. A gente pensa que o mundo inteiro está errado, mas, quando está lá dentro, você descobre que está num mundo mais gay do que aqui fora. É tanto gay que você fica sem entender. Na faculdade, eu tinha medo de ir ao banheiro, pois diziam que havia banheiros específicos para que seminaristas pudessem ter encontros sexuais. Eu evitava e ia nos que ficavam mais visíveis. Enfim, a Igreja deveria se abrir mais e falar sobre o assunto. Acho que 90% dos padres são gays. Ela não pode ficar se escondendo mais. Ela tem que falar, tem que se abrir e tentar tratar disso de uma forma que não vá prejudicar ninguém, pois não se pode constranger as pessoas, deixá-las mal. A Igreja fica tentando ver só o ponto de vista religioso, mas precisa ver também no sentido humano, dos afetos, e trabalhar essa questão afetiva com mais clareza. Por ter medo de tocar nesse assunto, acaba fugindo muito, e, quando a pessoa não se abre, pode acabar por cometer abusos etc. Na minha formação, nunca se tocou nesse assunto, não tive esse contato. É uma coisa que tem de ser tratada desde o vocacional.

12

"Já que se faz escondido, melhor que seja liberado"

P adre Paulo está há mais de uma década no sacerdócio, período em que desempenhou várias funções como membro ordenado da Igreja Católica. Quando o procurei para uma entrevista para este livro, por indicação de um amigo, ele se mostrou bastante animado com a iniciativa, alegando ter esperado por esse momento. Parte significativa dos sacerdotes católicos gays está exausta diante da estrutura que ajudam a manter. Paradoxalmente insatisfeitos e atuantes, esses padres anseiam por mudanças que levem a Igreja a outros rumos. Paulo teve a vontade de ser padre despertada há muito tempo, num mês de agosto, aquele que a Igreja dedica às vocações.

Escolhi o sacerdócio com dez anos de idade, num mês de agosto, após uma entrevista realizada na escola com um padre da minha cidade. Ele falou da sua vida, da sua vocação, de como era ser padre, dos seus trabalhos e suas alegrias. A partir de então, fiz minha primeira eucaristia e não parei. Cada vez mais crescia o desejo de ser sacerdote, mas tinha vergonha de expor para os amigos e a família, pois me importava com a opinião deles e também tinha medo de meus pais não aceitarem. Segui a vida sendo catequista, membro

> do grupo de jovens e de equipes litúrgicas. Apenas aos dezoito anos tive coragem de contar para o coordenador do grupo de jovens sobre minha vocação, que me orientou a procurar um padre do movimento de que eu participava. Ele me acompanhou naquele ano todo e me deu horizontes bons sobre a vida sacerdotal. Me encantei.

A maneira como um padre vive o sacerdócio é a melhor propaganda que a Igreja pode apresentar à sua comunidade de fiéis. No entanto, esses homens não revelam os detalhes de sua vida pessoal fora da capa do sacerdócio, pois, além de ser um antitestemunho, seria contraproducente. A instituição precisa de novos pastores e, para isso, conta com quem está dentro para que trabalhem pela messe.

Posturas romantizadas e omissas do sacerdócio católico atraem jovens que acham na religião uma forma de entregar a vida por uma causa culturalmente prestigiada. Tudo pode parecer quase perfeito e poético no início, mas, nos conflitos de convivência e nas questões comuns a todo ser humano, esses jovens podem não encontrar o apoio necessário de uma instituição que enxerga padres como números. A Igreja precisa de padres, pois sem eles não há missa[73] e sem ela não há Igreja, é o que repetem incansavelmente. O padre é, substancialmente, um funcionário, alguém que deve obediência a inúmeros superiores (patrões), quase sem autonomia. Ele é dependente, inclusive das estruturas, e, quanto mais o tempo passa, menos provável é que consiga desistir. É o homem que promete obediência a um superior, pois este seria a representação do desejo de Deus para ele. As pessoas escolhem por ele. Com relação aos seminaristas, a subordinação é ainda maior. A submissão, a humilhação e o desrespeito às singularidades são comuns na história familiar de gays e lésbicas. O machismo e sua filha homofobia são a norma nas escolas, nas igrejas e em muitos espaços de convivência social[74]. Muitos homens gays têm baixa

---

[73] COZZENS, 2008, p. 80.

[74] Refletindo sobre autoestima para homossexuais, o psicólogo Kimeron Hardin afirma: "Alguns psicólogos infantis acreditam que os primeiros anos são os mais importantes na formação da sua posterior visão do mundo e de si mesmo. Infelizmente, uma criança não nasce com a habilidade de discernir as informações imprecisas ou distorcidas a seu respeito e forma as opiniões sobre si mesma baseada nas informações refletidas pelo meio. O que ocorre, de maneira geral, é que se as mensagens que você recebeu a seu respeito quando era muito novo tiverem sido na sua maioria positivas, amorosas ou incentivadoras, a probabilidade de você ter uma visão mais positiva de si mesmo atualmente é bem maior. Se a maioria das mensagens a seu respeito era negativa, é muito provável que você acreditasse nelas e começasse a incorporá-las à sua visão geral de si mesmo. Essas mensagens não só moldaram a imagem geral que você tem de si mesmo como você também as pode estar repetindo continuamente, gerando com frequência sensações de insegurança, medo e inadequação" (HARDIN, 2000, p. 19).

autoestima como consequência dos traumas e experiências vivenciados e podem, se não amadurecerem e não buscarem ajuda profissional, tender a procurar e admirar profissões (vocações) que os preguem à cruz de forma permanente. Essa desconfiguração os firma numa posição em que a mesma sociedade que, por conveniência, os vê no sacerdócio como algo positivo, pois amordaçados, depois os apedreja quando caem em escândalo público. É mais interessante aos cristãos, e isso talvez não de forma consciente, que gays estejam em seus quadros hierárquicos em silêncio do que verdadeiramente livres e conscientes para destruir a própria ideologia cristã que dá sustento ao ódio homofóbico. Quão bonitinha parece ser aquela procissão de coroinhas com "bolsinhas" de fumaça a desfilar com suas belas túnicas, como em uma passarela. Seus trejeitos afeminados são admirados por todos como sinal de vocação. Cansei de ouvir de devotas e piedosas senhoras, quando coroinha, que "tinha jeito" de padre, que havia nascido para isso. É uma vocação da delicadeza! Não é algo rude, então não serve para o garoto que gosta de meninas e que, para a sociedade machista, deve representar um papel social masculino. Imagine um garoto que ama panos e rendas, flores e incensos, dizer que quer casar com uma garotinha? Não serve. O lugar reservado para os meninos gays na Igreja Católica é o sacerdócio, incentivado até mesmo pelas admiráveis senhoras.

> Dentro de mim, sou homossexual desde que entendo alguma coisa da vida. Sempre tive atração pelo mesmo sexo. Uma vez fiquei com uma menina, mas não foi nada do que esperava. Em mim sempre tive claro isso [a homossexualidade], mas o medo da família era grande. Uma pessoa com a qual me identifiquei foi com meu tio, que era homossexual assumido e toda a família sabia. Era o meu melhor tio, sempre me respeitou muito, ele não sabia nada de mim, e nunca falei, mas, como todo gay, ele desconfiava. Até tentei recriminar isso em mim, mas foi impossível. Como padre, penso que a homossexualidade deveria ser tratada pela Igreja como aquilo que de fato ela é. Com verdade, sinceridade e honestidade, sem farsa ou fingimentos. Por exemplo, o afloramento da minha homossexualidade se deu no seminário. Então, precisa ser revista e olhada com mais amor, pois 90% dos padres e os que estão a caminho são homossexuais, não tem como negar. Até mesmo os próprios formadores são. Porém a Igreja esconde, mesmo sabendo que

> [a homossexualidade] existe de cima a baixo. Isso se torna triste e difícil, pois não se vive na verdade do Evangelho de Jesus. Penso que, por ser tão escondido e velado, as coisas tomam formas e rumos trágicos. A maioria dos trabalhos bem-feitos é dos padres homossexuais, mas ainda assim existe uma intensa perseguição, algo maldoso, para esconder o próprio lado. A motivação sempre é não deixar a vida de quem persegue ser exposta, e, para isso, prejudica-se o outro, para fantasiar a máscara que carregam de uma vida homossexual. Tudo ser muito escondido é o motivo que facilita essas situações.

Padre Paulo me disse, exatamente nesse momento da entrevista em que falava de sua homossexualidade, que interiormente estava sentindo uma reviravolta, mas que se sentia bem, pois almejava expor sua vivência e seu pensamento. Dizer "sou homossexual desde que entendo alguma coisa da vida" não é simples para um padre, é um sair do armário para si mesmo, é um assumir-se com todas as palavras necessárias e sem rodeios, ainda que apenas para o entrevistador e, agora, para todos que leem. É libertador poder dizer quem você é, ser escutado e respeitado em sua totalidade, não somente em partes. Não é mais o padre Paulo, um pedaço, mas é o padre Paulo que também é um homem gay. Mas até quando muitos seminaristas, religiosos, padres e bispos viverão despedaçados?

> Na minha opinião, não se vive o celibato como precisaria ser. Deveria ser opcional. Falo na questão homossexual, pois é quem não consegue vivê-lo e acaba muitas vezes se martirizando e se massacrando. Eu não vejo um impedimento para viver a vida sacerdotal, desde que seja algo bem claro e polido, sem devassidão. Digo não para virar uma coisa largada, mas sim algo livre e sem tanta punição. Veja bem, já que se faz escondido, melhor que seja liberado de uma maneira séria. Ficar no "pega-pega" cada dia com um, vira algo muito ruim, nada saudável. Portanto, enquanto for velada essa questão gay na Igreja, sempre haverá escândalos. Saiam do armário e sejam verdadeiros.

13

Padre tradicionalista e gay?

Ricardo é padre católico da vertente tradicionalista e é homossexual. A missa rezada por ele no rito antigo, também conhecida como missa tridentina ou na forma extraordinária, é — a meu ver — um ritual belíssimo, esteticamente rico e grandioso. Cantos gregorianos e silêncio, flores naturais, tapetes e rendas, castiçais e incenso, paramentos diversos de tecidos vistosos e caros, gestos delicados e cronometrados, de frente para Deus e de costas para os fiéis, o latim como língua na maior parte da cerimônia (o sermão costuma ser em língua vernácula), as vestes tidas como mais adequadas para quem assiste (sim, assiste, pois participar é coisa de missa nova, pós-Concílio Vaticano II), véu (para as mulheres) e comunhão na boca, além de muitos outros detalhes que olhos treinados podem identificar. A meu ver, é outra Igreja. Pio V e Pio X agradam muito a eles, já João XXIII e Paulo VI nem um pouco. Tradicionalistas são um pequeno grupo dissidente na imensidão do que significa o catolicismo romano. Para homossexuais, possivelmente seja um lugar de grande oportunidade de uso de seus piedosos dons artísticos (o que não é atributo de todos os gays). É teatral. Aqui o dissidente em sexualidade encontra outros dissidentes, aqueles[75] que prefeririam verdadeiramente que nunca

---

[75] Tradicionalistas não se cansam de repetir frases como: "Ainda que os católicos fiéis à Tradição se reduzam a um punhado, são eles a verdadeira Igreja de Cristo", expressão atribuída a Santo Atanásio.

tivesse existido um Concílio Vaticano II. Os excluídos se encontram, se complementam e se armam contra os modernos[76] e os modernistas[77]. Fiquei contente por ter sido bem recebido pessoalmente por um padre dessa vertente para conversarmos sobre assunto tão delicado. Ele aceitou falar comigo poucas horas antes de oferecer o Santo Sacrifício. Pensei, desde o início deste trabalho, ser importante ouvir gays de todas as principais linhas ideológicas dentro da Igreja, pois são universos singulares. Tradicionais, como gostam de ser chamados, tomam pautas morais com muito rigor. Não é de estranhar que sejam apoiadores de governos de direita[78] ao longo da história. Seria absurdo imaginar um padre tradicionalista apoiador da esquerda; isso é completamente impossível. Lembrando que é a direita que mais trabalha para retirar direitos das pessoas LGBT ou impedir que tenham melhor qualidade de vida. Apesar de todas as complexidades e contradições, já que é por demais delicado tratar da intersecção religião/sexualidade, padre Ricardo contribuiu com um novo olhar para a discussão, o que é louvável. Nesta entrevista, ele discorre sobre o paradoxo de se filiar à ala mais radical do catolicismo e, ao mesmo tempo, ser homossexual.

> Minha vocação surgiu bem cedo, ainda como criança. Claro que sem entender muito o que era o sacerdócio, mas sentia o desejo de estar no altar, já queria ser padre. Meus pais eram engajados, e, por conta disso, participei de vários movimentos. Fui da infância missionária, grupo de coroinhas e alguns outros. No grupo de coroinhas, passei a ir todos os dias à missa, e aquele ambiente de convivência eclesial alimentou minha vocação. Com relação à sexualidade, depois dos meus onze anos de idade é que eu fui entender essas pulsões. Talvez tenha algo anterior a isso, mas não consigo identificar. Mas, depois dos onze anos de idade, sim. A aceitação demorou. Na verdade, eu vivia sempre numa crise de consciência entre o escrúpulo, os desejos e depois a vocação e a moral da Igreja. Mas acho que fui aceitar isso mesmo já dentro do seminário, nos primeiros anos. Naturalmente começaram as práticas constantes, veio o relaxamento muito grande da consciência e,

---

[76] Alguém que vive abertamente sua homossexualidade é frequentemente chamado de muito "moderno".

[77] Para tradicionalistas, modernistas são todos aqueles que não concordam integralmente com suas teses. São os ecumênicos, os "rcCistas" (membros da RCC), os progressistas, os legalistas, conciliadores, aqueles da missa nova e muitíssimos outros.

[78] Em janeiro de 2020, o *site* Agência Pública destacou: "*Fake news* e escândalos: a mídia católica de direita ataca Francisco. Tradicionalistas, especialmente do clero dos EUA, utilizam os mesmos métodos da direita *alt-right* para atacar as reformas do papa jesuíta e latino-americano".

naturalmente, a aceitação. Meus primeiros contatos sexuais dessa época foram com seminaristas, não me relacionei com leigos. Minha turma era pequena, éramos uns seis, e a metade era homossexual. Eu faço até uma análise, porque hoje de fato é um problema cultural. A estrutura hoje da Igreja é tal qual quando ela imperava na sociedade. O que chamamos de cristandade. Hoje, os mais tradicionais sabem que a gente não vive mais na cristandade, mas a estrutura da Igreja permanece. O modo tradicional vê que a sociedade perdeu tudo isso, e num desses pontos está a sexualidade. O jovem que procura a Igreja já vem, na linguagem tradicional, com a sexualidade desordenada, porque nem sabe o que ele sente nem o que vai fazer. Nisso ele se depara com a moral da Igreja e com todas as coisas e entra numa crise existencial. Eu acredito que hoje, mesmo entre os tradicionais, o número de gays está em torno de 70% a 80%.

Eu acho, na verdade, que o ponto central aqui não é a sexualidade, é outro ponto. Às vezes, é a identificação de realizar alguma coisa, de realização do ser. Porque é claro que há o impulso sexual, mas a pessoa não se concentra somente na sexualidade[79]. Ela precisa se realizar com outras coisas. Por que muitos padres gays não deixam o sacerdócio, já que isso seria a lógica da coisa? Porque, na verdade, eles não se veem fazendo outra coisa. A escolha do sacerdócio por esses gays vai muito da educação ou da influência que a pessoa teve, pois acho que as escolhas da vida são tomadas a partir da construção de ideias. A partir destas, a pessoa estabelece o modo de proceder. Acho que padres que se descobrem gays permanecem e continuam por isso. Claro que, se eles tivessem outras experiências, poderiam introjetar novas ideias e escolheriam outra realidade.

Concordo que a educação seja um fator primordial que leva a decisões para a vida. Uma sociedade que educa de forma homofóbica, seja em casa, na própria igreja ou na escola que ratifica essa posição, contribui para um projeto de vida que, em certa medida, é suicida. Depois de tanto tempo em dedicação exclusiva, é complicado imaginar-se em outra seara, como explicado por Ricardo.

---

79 Por mais que, em certa medida, eu concorde com o entrevistado, de acordo com Moser e outros teóricos da sexualidade, "Não existe pessoa integrada sem haver integrado sua própria sexualidade. E a integração da personalidade não é um apêndice: é a grande tarefa da vida" (MOSER, 2001, p. 45). Ou seja, para que o padre "se realize em outras coisas", ele primeiro deve se resolver com sua sexualidade.

> Há uma questão do relacionamento humano dos gays. Aqui há um impasse, não quero dizer isso porque não tenho experiência para tal, mas a gente vê grande dificuldade em relacionamentos permanentes entre os gays. Há quem romantize e diga que pode existir esse relacionamento permanente, mas ao menos as pessoas que a gente conhece não tem essa permanência. Isso fora do ambiente eclesial, mas dentro dele parece que isso se torna muito confortável, porque você não tem um parceiro fixo. Você fica com alguém que encontra e ainda mantém seu *status* e seu modo de proceder. Só não sei como seria para um relacionamento, porque até num namoro entre padres pode haver ciúmes. Eu acredito que um padre poderia se relacionar com alguém, mesmo que externo, desde que concorde com esse *status*. No ambiente tradicional, discutimos muito o problema da romantização das relações. Às vezes, querem muito equiparar a homossexualidade ao modo heterossexual, mas é outra realidade. Essa relação que tenta ser igual à hétero não dá certo e acabam entrando numa crise.

Se pararmos para analisar que o primeiro casamento gay legal do mundo foi há pouco mais de 20 anos, talvez isso explique um pouco os motivos de gays não terem referências positivas no amor. A era cristã delegou aos gays o lugar da perversão[80], do risível, do sexo sujo, e tão somente o lugar do sexo[81], negando-lhes a possibilidade de explorarem sua variação sexual em todos os seus aspectos, inclusive no amor. Todavia, é verdade que homossexuais não devem construir seus relacionamentos com base no modelo patriarcal judaico-cristão. Como já são dissidentes, e sua existência por si só é uma revolução de costumes sexuais, gays deveriam ter a liberdade de quebrar outros paradigmas relacionados ao arquétipo cristão monogâmico[82] e machista. No modelo cultural predominante, um gênero é submisso ao outro, mas, num relacionamento gay, em que ambos são do mesmo gênero, esse padrão não faz sentido algum. Não há espaço para relacionamento gay na lógica cristã majoritária[83], pois gays

---

[80] "Na época cristã — e como em todas as religiões monoteístas — o homossexual tornou-se a figura paradigmática do perverso" (ROUDINESCO, 2008, p. 50).

[81] Sexo criminoso, pecaminoso e doentio.

[82] Na obra *Deus queer*, a teóloga argentina Marcella Althaus-Reid fala do "relacionamento com o Deus ciumento de Israel", que está conectado a uma ideia do "corpo como propriedade" (ALTHAUS-REID, 2019, p. 177). A não monogamia ou propostas que visem novos formatos de relacionamento vão na contramão da norma cristã, que contribui para uma visão do outro como posse.

[83] Abre-se exceção aqui para igrejas e teologias ditas inclusivas.

A vida secreta dos padres gays

em relacionamentos permanentes são contrários a toda a fundamentação das ideologias abraâmicas. Para cristãos convictos, um relacionamento gay não seria feito mesmo para durar, pois não deveria sequer existir. Não há dignidade pela metade; a verdadeira aceitação precisa contemplar o indivíduo no todo.

> Se eu seguisse rigorosamente a linha tradicional, diria facilmente que, na minha alma, há uma relativização total da moral, um relaxamento moral. Porém, encaro o problema de uma maneira mais séria. Se o ideal católico tradicional principal está na identificação com o Cristo ali que se sacrifica, então um padre tradicional pode muito bem viver essa tradição e tentar conduzir a busca da felicidade, que é a identificação com Nosso Senhor, mesmo tendo esse comportamento [homossexual].

Não é incomum esse tipo de pensamento no imaginário católico, aquela tentativa de unir seu sacrifício ao de Cristo, algo místico e que muitos santos e santas diziam fazer. A questão é que a homossexualidade não deveria ser tida como um sacrifício, mas como parte importante e natural da pessoa. Questionei o fato de a orientação ser colocada como mero comportamento[84], ao que o padre concordou com minha interpelação:

> Tenho visto famílias tradicionais que tiram seus filhos da escola e adotam o *home schooling.*. Eles dão uma educação puramente católica, com orações, devoções e tudo o mais. Tem o pai ali com aquela transmissão da masculinidade muito forte, todo aquele ambiente, mas, mesmo assim, surgem gays entre essas famílias. Eu já cheguei a conhecer. Sem qualquer influência externa[85], num ambiente totalmente heterossexual e cristão. Há muitas correntes, como a mais científica, que vão dizer que há uma determinação biológica. Se observar, não teve uma determinação social ali, pois aquele ambiente pregava exatamente o contrário. [Determinação] Cultural, da mesma forma, sem possibilidade. Geralmente esses filhos se

---

84 O perigo de reduzir a homossexualidade a comportamento abre margem para interpretações que buscam erroneamente alterá-la ou bloqueá-la, mesmo que isso seja impossível. Comportamento pode ser mutável, o que não funciona com a homossexualidade.

85 Nos meus tempos de tradicionalista e de convivência na Associação Cultural Montfort e outros movimentos tradicionais, pude constatar um pouco disso. Nas casas dos membros não havia televisão, e a maioria estudava em colégios que seguiam uma educação católica tradicionalista.

afastam de suas famílias e vão para outros extremos. Mas encontrei famílias que buscam um meio-termo: o filho permanece próximo, naturalmente sai do ambiente, mas, como os vínculos familiares são fortes, há uma certa tolerância nesse sentido.

Penso que, a nível eclesial, a Igreja deveria falar sobre isso. É preciso falar sobre a homossexualidade no clero. Hoje até sobre saúde deveriam discutir. Lembro da época de seminário, em que saiu uma informação, não só em termos de Igreja, sobre o alto índice de câncer de pênis, por conta da falta de higiene. Por que isso acontece? Porque as famílias não têm esse entendimento. O jovem vem assim das famílias, chega à Igreja e não se fala nada. Para se ter uma ideia, muitos padres tardiamente fazem cirurgia de fimose, porque nada disso é falado no seminário. Nada, nada. Quando se trata de sexualidade, nada é falado. A Igreja identifica que as famílias não têm estrutura para lidar com tudo isso, então por que não tratam? Porque não querem tratar. O lado trágico da Igreja é não tratar, é excluir. Nesse sentido, ela trai os princípios da caridade cristã, pois esta quer sempre salvar a pessoa. A Igreja deveria ajudar. Como você, diante de um grave erro público, por exemplo, despreza e exclui a pessoa do ambiente eclesial?

14

"Pode ser 'bichinha', pode ser o que for, mas é padre"

Há quase uma década, Samuel foi ordenado sacerdote. Ele era membro de um pequeno grupo sacerdotal brasileiro que fechou há poucos anos. O instituto do qual fazia parte era uma mistura de várias tendências ideológicas dentro da Igreja Católica, menos Teologia da Libertação, pois o fundador a abominava. Ele desabafou sobre seus últimos meses dentro da Igreja, período em que experimentou grandes desafios. Samuel fez o trajeto que muitos jovens latino-americanos sem oportunidades percorrem quando saem de suas cidades para grandes centros em busca de oportunidades dentro da Igreja.

> Não sei dizer bem como surgiu minha vocação. Sou do interior de um estado do Nordeste, e nossa vida gira muito em torno da Igreja. Comecei a participar e de repente estava ali, inserido nos movimentos, como a RCC. Era envolvido nas coisas da fé, mas não pensava necessariamente em ser padre. Nós tínhamos uma comunidade de aliança[86], um grupo mais intenso

---

[86] Segundo informação disponível no *site* da Comunidade Católica Shalom, a parte dos membros do grupo que é de "aliança" é "chamada a seguir Jesus Cristo em meio à vivência familiar e às atividades profissionais". Isso significa que são leigos partilhando um carisma dentro da dinâmica da Igreja e sem deixar suas famílias nem seu trabalho.

de jovens que tinham o mesmo interesse religioso, e, no ano de 2006, meu pároco disse que a comunidade não iria pra frente, que eu deveria entrar para o seminário. Foi nesse momento e pela influência dele que decidi entrar. Eu queria, mas não pensava em ser isso, e sim em outras coisas. Desejava ir para a Toca de Assis, por exemplo, ou então na comunidade que estávamos fundando. Aquela coisa de adolescente e jovenzinho. Então entrei no seminário diocesano, mas depois de quatro meses fui mandado embora por um padre gay bastante afeminado que tinha seu grupinho de amigos. No Dia dos Namorados, estavam todos os seminaristas na frente da capela e ele [o superior] afastado com outro seminarista, que era gay e seu predileto. Eu, por um lapso, olhei e vi os dois escrevendo um torpedo e o telefone do meu colega que estava na minha frente, que era o bonitinho do seminário, tocou recebendo uma mensagem. Não sei por que olhei para o meu colega e para eles, mas percebi que estavam olhando para mim e pensei: "Ferrou". No outro dia meu colega falou, 'como posso fazer alguma coisa se é o próprio padre que escreve a mensagem com ele?'. Esse meu colega era assediado pelo seminarista preferido com o consentimento do reitor. No dia 14 de junho, fui mandado embora do seminário, e somente eu, por ter descoberto que o próprio reitor estava fazendo isso. Fiquei mal e passei quase dois anos fora da Igreja, trabalhando, e, no final de 2007, recebi um convite para mudar de estado e ingressar num instituto que estava sendo fundado. Eu decidi que iria para conhecer e passar uma semana, mas acabei ficando. Foi bem legal, uma experiência muito boa, algo novo. Desse instituto, fui morar na Suíça, para estudar. De lá, voltei para o Brasil e me tornei padre. Tenho quase dez anos de sacerdócio, mas sou padre numa situação de limbo. Sou padre oficialmente, porque não houve suspensão ou processo algum. Porém, sou um não existente, não sei classificar. Sou incardinado[87], mas, para eles, não existo. Procurei a diocese quando saí do instituto, mas o bispo não me acolheu, porque os seminaristas do instituto, que já tinham chantageado o nosso fundador, que tinha 96 anos, escreveram uma carta para a diocese falando mal de mim. Tenho as gravações de áudio do fundador afirmando que estava sendo chantageado. Se ele não fizesse o que eles estavam pedindo, iriam embora e ele ficaria sozinho. Entravam todos de uma vez no quarto dele e o chantageavam, ameaçavam e eram

---

87 **A incardinação** (tratada nos cânones 265–272) refere-se à situação de um membro do clero (sacerdotes ou diáconos) que está sendo colocado sob a jurisdição de um determinado bispo ou de superiores eclesiásticos.

grosseiros. Tenho os áudios do fundador falando isso, dizendo que sofria com essa situação. Tinha um deles, que era o líder, que ia lá e chegava a gritar. O fundador morreu, acabou o instituto, e o bispo que ficou como presidente mandou todos embora. Antes disso eu já estava fora, e os outros padres ficaram nas dioceses onde estavam trabalhando. Nós, padres, tínhamos feito votos simples recentemente. Não havia organização e estávamos começando a fazê-la, havíamos iniciado o processo. Nesse meio-tempo, começou a confusão por uma briga de poder. Eu era o superior, mas não queria ser mais. Já era superior há muitos anos e não queria mais. Na assembleia que fizemos, havia os partidos políticos. Tinha o partido de um que queria ser o chefe e de mais outros dois na mesma situação. Eram três disputando. Eu era o único que não queria. Os participantes da assembleia eram padres e um seminarista representando todos os outros. Essa confusão toda se deu justamente nesse período de organizar a constituição, e logo em seguida saí. Fiquei completamente desprotegido pela Igreja. Não recebi nem um real até hoje. Eles ficaram com todas as minhas coisas, mas o que pude pegar que era meu eu peguei. Só que antes de sair eu havia investido em algumas coisas que comprei no meu cartão. Recentemente, escrevi para o bispo pedindo para verificar o que ele podia fazer, mas ele não fez absolutamente nada. Sobre minha situação canônica, estou esperando que eles se posicionem, não irei mais atrás. Eles não se importaram comigo até hoje, então não vou atrás.

Sempre me perguntavam se tinha muito gay no seminário e eu respondia que não percebia e que não olhava para isso, porque eu sempre "defendi"[88]. Quem me perguntava estava fora da Igreja, então, para defender e protegê-la eu respondia que não sabia, que não olhava para isso, mas claro que não era verdade. Por todos os seminários em que passei, por todos os lugares que passei — talvez com exceção da Suíça —, no Brasil, pelo menos 95% eram gays. No instituto, era praticamente 100% a presença homossexual, inclusive os padres[89]. Na Suíça, não é que fossem héteros, mas eram mais discretos, pois eram oriundos de vários lugares do mundo. Éramos de dezoito nacionalidades, um seminário internacional. Nossa vida lá era muito acadêmica, muito de estudo. Eu realmente não via, mas por certo

---

88 *Defender*, aqui, significa não prejudicar a imagem da Igreja diante da opinião pública. Afirmar, enquanto padre atuante e numa posição de destaque, como era o caso, que gays eram a maioria poderia soar mal, ao mesmo tempo que fomentaria "suspeitas" sobre a sexualidade do próprio padre.

89 O instituto católico em questão foi palco de um escândalo sexual homossexual com repercussão midiática.

tinha também. Aqui é muito mais visível, muito mais escrachado. Inclusive a gente é conhecido lá por causa disso. O clero brasileiro é conhecido por isso: "No Brasil, tem muito gay. No Brasil, tem muito 'veado'". Um reitor nosso lá na Suíça pegou um jornal italiano e havia uma matéria com o título "Brasil, fábrica de trans". Ele brincou e disse assim: "Nossa, será que agora a gente vai ter que olhar se os seminaristas que vêm de lá também são trans?", porque eles sabiam que tinha muito. A gente é muito conhecido lá por causa disso, os seminaristas e os padres. Acho que o sacerdócio é um lugar de proteção. Você pega um mocinho lá do "interiorzão", do lugar mais remoto do Brasil, um "Zezinho Ninguém", e de repente ele vai para o seminário, e isso faz com que esse menino cresça. Ele agora já não é mais o "Zezinho", ele agora é o seminarista daquela cidade. De repente, ele está numa outra cidade, numa diocese, e talvez vá até morar fora do país. É uma oportunidade de ascensão, de crescimento. Não é que ele não acredite no que está fazendo, não é que não tenha fé, mas acho também que é uma possibilidade e uma oportunidade, que eu agradeço, inclusive, a Deus e à Igreja. Eu conheci vários países porque eu saí da minha casa para entrar no seminário. Todos que vieram dos grotões para cá frequentavam bairros de elite, tinham privilégios com as madames[90] e comiam do bom e do melhor. Vivíamos de doações, e, pouco antes de eu sair, tive uma descoberta. Era feita uma lista pedindo doações, na qual eu não via o que eles colocavam, e era colada na porta da capela, quando uma pessoa me disse: "Nossa, padre, mas eles estão pedindo filé-mignon". Então, imagine, os caras vieram lá do "interiorzão" e estão pedindo filé-mignon para comer no churrasco de sábado à noite. Tínhamos uma amiga que possuía um barco, e, no fim de semana, eles queriam estar no barco vivendo uma vida de riquinhos, de burgueses. Uma pessoa que não teve nada na vida, que veio de longe e de repente está sentando com os "nobres", e eles gostam disso. Então, acho que acaba sendo um refúgio também por causa disso, além do corporativismo que protege os gays. Você é o "gayzinho" lá do interior, você vai levar uma lâmpada na cabeça, vai ser a "bichinha" da cidade... Eu tinha um amiguinho que era a "bichinha" da cidade e levava carreira dos homens e hoje é padre. Atualmente ele é superquerido e lá na cidade todo mundo o adora. A

---

[90] Na minha época de seminário orionita, havia as madrinhas, senhoras, em geral, de melhores condições que ajudavam materialmente e com orações os seminaristas. Algumas delas tinham seus seminaristas prediletos, e eu tive a sorte de ter sido "afilhado" de algumas dessas boas senhoras.

A vida secreta dos padres gays

"bichinha" é aquela que vai ser humilhada e infelizmente sofrer *bullying* na cidadezinha dela. Depois, como padre, pode ser "bichinha", pode ser o que for, mas é padre. Você vai na missa, ele fala e entrega a eucaristia. Então, você faz até vista grossa para o fato de ele ser bicha, algo em que eu não vejo nenhum problema, inclusive. Absolutamente nenhum problema. Os leigos, da mesma forma. Não ligam, só não querem saber. O importante é que o padre esteja lá dando a eucaristia e fazendo bonitinho, celebrando bonitinho e não dê escândalo público. No fundo, no fundo, todo mundo sabe e percebe, pelos trejeitos e tudo o mais. É a mesma coisa de um padre hétero, pois, sendo heterossexual ou gay, ambos são chamados a viver a castidade. O padre pode ser gay, o padre pode ser hétero, eles só têm que viver o celibato, que é um pouco hipócrita isso aí. Também para o hétero, porque tem namoradas; digo isso porque tenho um amigo padre que até um dia desses iria deixar o ministério porque estava namorando há dois anos uma menina, e aí bateu na consciência, largou a menina e permaneceu no sacerdócio. Também tenho amigos padres que são gays, têm namorados e têm uma vida ativa, mas que estão dentro da Igreja. Tem de tudo.

O estilo de vida seminarístico, conventual e sacerdotal é uma grande oportunidade de crescimento; não à toa outros entrevistados trouxeram observações semelhantes. É importante lembrar que nem todas as casas de formação e paróquias gozam de fartura ou possuem muitos bens. Há congregações e dioceses ricas e pobres. Os seminários pelos quais passei, por exemplo, não eram considerados ricos, mas, sem dúvida, eram muito mais bem equipados e tinham mais fartura que minha própria casa. Ou seja, mesmo o seminário mais pobre é muitas vezes melhor que o ambiente familiar do vocacionado. Fatores econômico-sociais somados às crises de identidade sexual e outras questões formam o conjunto psicossocial para a decisão final pelo sacerdócio católico como opção viável. Como destacou Samuel, pode ser o que for, mas é padre. Sabendo de todo o peso que esse título carrega, e de todos os benefícios advindos dele, é supostamente uma boa opção.

Eu acho que eu sempre soube de mim. Desde pequeno, desde criança eu sempre soube. Assim como passa na cabeça de todo adolescente, de todo jovem que entra no seminário, há aquela fase do "vou lutar, vou tentar ser casto e viver isso aqui". Eu me esforçava, mas nem sempre conseguia e nem sempre queria me esforçar, mas tinha essas lutas internas. Acho que todo mundo passa por isso. Tem padres novinhos que acabaram de virar padres e já têm namorado e vivem tudo. Tem padres que estão se ordenando agora e já estão com namorados. Tem padrezinho que namora bispo. Acho que é uma questão de cada um se sentir confortável com a situação. Me sinto confortável com isso aqui e consigo me dar com isso. Mas essa sensação de vida dupla não é somente uma coisa da visão de quem está fora, mas da visão de quem está dentro também, da minha própria visão. Olho para mim e penso: o que estou fazendo é uma vida dupla, porque não posso ser inteiro num canto nem no outro. É um dilema. Dói porque gostam daquilo. Eu gostava de ser padre, aliás, eu gosto, ainda, sinto falta, mas também gosto de ser eu[91]. Não tinha como as duas coisas coabitarem. Você não pode separar, porque é o que você é, mas não pode viver, então, não pode juntar. Tem a questão de um amor por um amor maior. Acredito muito nisso. De verdade, não é hipocrisia nem demagogia de minha parte. Se você ama muito, é possível viver o celibato. É um sofrimento, porque o celibato é contra a natureza, não é a homossexualidade que é contra a natureza. Mas acredito que alguém consiga viver, de verdade. Veja assim, um casal heterossexual em que o rapaz é muito apaixonado pela esposa, o tempo vai passando e eles já não têm relação sexual, então vão vivendo, porque existe um amor maior, apesar da idade e da saúde. Então acho que é possível, sim, não acho que seja impossível. Agora, repito, o celibato é contra a natureza, o natural é que você tenha um companheiro, uma companheira. Ser gay também é natural. O importante é ser feliz, e não necessariamente ter um relacionamento sexual ou afetivo com alguém que não vai te deixar feliz. Por exemplo, eu estou há dois anos fora e estou solteiro. Estou vivendo mais como padre do que quando estava atuando. Quando padre, namorei com leigos, pois nunca gostei de sair com outros padres. Mas, como falava, não necessariamente vou ser feliz porque estou com uma pessoa ou porque estou transando, acho que isso é muito da pessoa. Assim como as pessoas que são viciadas no trabalho e que não querem casar e ter filhos e sentem uma realização grande no trabalho, acho que é um pouco disso. Sobre a sublimação que muitos padres fazem, acho saudável em determinadas

---

91 "Os sacerdotes homossexuais se deparam com uma espécie de 'conflito de interesses' existencial" (COZZENS, 2008, p. 81).

situações, quando estão conscientes. O padre sublimar a sexualidade para se dedicar ao ministério, acho que é positivo quando a vocação dele é consciente. Seja ele gay ou hétero, haverá desejos, mas, se a vocação dele é real, consciente e madura, ele vai saber se dedicar a outras tarefas, como cuidar dos mais pobres, visitar os doentes e administrar os sacramentos. Porém, o que tenho visto, e que é doentio, errado e ruim, para padres gays e héteros, é quando eles anulam a sexualidade e passam a perseguir as pessoas que são iguais a eles. São aqueles que são gays, não praticam isso e começam a perseguir todos os gays porque todos eles estão errados e vão para o inferno. Quando começa essa transferência, esse apontar o dedo para o outro, retira-se de si próprio. Acho isso negativo e doentio. Começam uma prática pastoral intensa e maluca por medo de se encontrar consigo mesmo, para fugir. Não acho que seja maduro. Se uma hora isso não explodir com um cara adulto, vai acontecer com um adolescente, com um vídeo, e, enfim, a gente vê os escândalos[92] tomando conta. São diversas pessoas caindo em escândalos sexuais, até bispos[93]. Reprimem e de repente está ali sendo gravado; é o que acontece com muitos padres. Eu atendi seminaristas que estavam numa crise terrível porque ficavam nessas brincadeirinhas de internet, o pessoal gravava e começava a chantagear. Ficavam preocupados, pois ninguém poderia saber, e vi potenciais suicídios em casos como esses. Passou um tempo, voltou e fez tudo de novo, ou seja, é uma doença, um vício. Eu preferiria que essas pessoas saíssem da Igreja, porque não conseguem viver o celibato e não têm maturidade nem para viver uma relação sexual sadia, mesmo dentro. Não sou contrário, não vejo que seja negativo, desde que seja sadio. Eles adoecem e adoecem os outros.

O entrevistado cita bispos caindo em escândalo, o que tem sido cada vez mais recorrente. Conheço e converso por redes sociais com bispos que nunca se envolveram em escândalo público e que são homossexuais. A grande maioria consegue se esconder, pois, quanto mais poder têm na hierarquia, mais esses homens conseguem disfarçar. Um desses bispos

---

[92] Vários escândalos sexuais homossexuais envolvendo o clero católico têm ganhado destaque na imprensa e nas redes sociais nos últimos anos. Casos como o de um sacerdote do interior de Minas Gerais que namorava um estudante de biomedicina ganharam notoriedade nas redes. Sobre o caso, o jornal *Metrópoles* publicou em junho de 2024: "Homem separa de padre após orgias e pede pensão na Justiça". O intervalo entre um escândalo público e outro tem sido tão pequeno que parece que estão sendo mais frequentes. É possível que seja apenas reflexo da facilidade de comunicação atual e do declínio do catolicismo como religião principal.

[93] No Brasil, os bispos dom Tomé Ferreira da Silva e, mais recentemente, o já citado dom Valdir Mamede, ambos do interior de São Paulo, renunciaram após escândalos sexuais homossexuais.

conhecidos, que inclusive já foi muito influente em sua congregação, marcou encontros comigo no centro de São Paulo por duas vezes, poucos anos após minha saída do seminário. Havíamos nos conhecido no Facebook. Nessas oportunidades, almoçamos e depois fomos a motéis da região. Ele também sempre pedia que eu encontrasse garotos de programa que aceitassem sexo a três, mas nunca aconteceu. Depois de um tempo, o prelado me bloqueou nas redes sociais e no WhatsApp. As estruturas da Igreja não contribuem para que as pessoas vivenciem sua sexualidade de uma forma sadia. Para que isso começasse a funcionar, seria necessário alterar o código moral da religião, o que é muito difícil sem uma revolução de dentro para fora. Afinal, é essa moral que faz a Igreja ser o que ela representa, é um meio de controle. Isso permite que alguns em posição de poder persigam seus opositores com base na manipulação moral.

> É uma caça às bruxas. Até o papa Francisco, que é muito bonzinho[94] e tem essa abertura toda, há quem diga que lá dentro [do Vaticano] ele não aceita. É complicado, porque é uma estrutura eclesial que tem dois mil anos. Nos últimos anos, houve muito avanço, e não é verdade que melhorou nesse aspecto. Hoje os homossexuais têm tanta liberdade, mas há um percentual absurdo de deprimidos[95], solitários e suicidas. Por quê? Aumentou a liberdade, não era tudo que queríamos? Mas por que está assim? Porque partiu para o outro lado. Liberdade sem responsabilidade é libertinagem, eu ouvia muito isso no seminário, e é verdade. Se você tem liberdade, mas não tem responsabilidade, você vai para uma festa e se enche de droga, tem o namorado, mas namora com mais dez ao mesmo tempo, vai para uma baladinha e agora só tem relacionamento aberto... Como vão viver nessa vida e suportar isso? É complicado. Tanta liberdade que temos hoje e está essa situação no mundo todo. Nos institutos, nas igrejas e nos seminários, nós temos hoje muita liberdade. No meu seminário na Suíça tínhamos telefone, mas não tínhamos acesso à internet livremente. A gente só tinha acesso dentro de uma sala e uma hora por dia. Havia até uma forma

---

94 Em 2024, a mídia divulgou que, em mais de uma ocasião, o papa Francisco afirmou que "já há 'bichas' demais nos seminários".

95 O psicólogo Kimeron Hardin afirma que "Estudos recentes comprovaram que crescer como gay ou lésbica, ou mesmo viver como um adulto "assumido", pode ser muito difícil e perigoso numa sociedade como a nossa. Descobriu-se, por exemplo, que os gays e as lésbicas correm mais risco de tentar ou cometer suicídio e apresentam maior probabilidade de abusar da bebida ou de outras drogas do que seus correlatos heterossexuais" (HARDIN, 2000, p. 9, 10).

A vida secreta dos padres gays

de burlar, mas, se fosse descoberto, era mandado embora. Eu não sei se isso é o remédio, e também não estamos aqui para achar um remédio para a vida sacerdotal, mas acho que, se alguém quer entrar na Igreja, trabalho ou casamento, tem que ter um autoconhecimento muito bom e maturidade para lidar com os desafios do viver. Viver é um desafio. Antigamente um hétero casava com dezesseis anos e morria com quarenta. Hoje, você se casa com quarenta e vai morrer com cem. É muita vida, é muito tempo. O que você faz até lá, como é que você vive até lá?

A homossexualidade na Igreja precisa ser tratada com mais humanidade. Antigamente se entrava no seminário com onze anos. O menino era uma folha em branco, não conhecia nada da vida, e era muito fácil configurá-lo. Não tinha televisão, internet e redes sociais. Era mais fácil moldar o menininho ali. Hoje conheço um rapaz que vai entrar no seminário e já tem uma ótima profissão. Ele já teve experiência sexual, sabe o que é masturbação e vídeo pornô. Eu acho que precisam olhar para o vocacionado hoje como um ser humano que tem seus acertos e defeitos, que tem uma história e não é mais uma folha em branco. Se eu acolho essa pessoa que não é uma folha em branco, não é correto receber essa pessoa e querer anulá-la dentro do seminário. Quer dizer, você vem para o seminário e esquece tudo o que viveu até hoje, aperta um "delete" e seu passado não existiu, agora é daqui pra frente. Não, não é isso. As pessoas têm uma história, e ela inevitavelmente vai reincidir no resto da vida. Eu estou fazendo psicanálise e sei muito bem disso, do quanto é importante a história que você tem, da sua família, das suas experiências passadas e como elas vão te acompanhar pelo resto da sua vida. Então, como uma pessoa que viveu uma vida sexual ativa, que viveu uma liberdade, tinha trabalho e independência, que às vezes não teve pai ou mãe ou os teve demais, vai entrar no seminário e simplesmente vai se anular, não vai existir? A parte principal é tratar com humanidade essas pessoas, e esse tratar significa dizer que, se a pessoa foi acolhida, deve ser acolhida como é, sendo homossexual, heterossexual, pansexual, sendo o que sexual quiser. Acolher para ter uma convivência humana sadia e sem um clima de perseguição, que não é o que vemos nos seminários, pois é uma verdadeira caça às bruxas, uma coisa terrível. Que venha para o seminário, mas se sinta acolhido e amado, para poder doar a vida à Igreja. Quem precisa dos jovens, quem precisa do padre é a Igreja. Eu, como padre, sei que fiz falta à Igreja, porque era um bom padre. Quem precisa de mim é ela. Hoje, do lado de fora, eu me viro. Graças a Deus eu me viro, mas a Igreja precisava do meu ministério, porque os padres estão em extinção, os gays, não. É muito delicado esse assunto. Eu não demonizo quem entra para a Igreja hoje. Se fosse eu, atualmente, com a cabeça que tenho, não entraria. Se me chamassem para voltar para a Igreja, eu tendencialmente diria não, não de forma fechada, mas diria não. Dizer que foi ruim minha experiência, não foi. Tudo que sou hoje eu devo àquilo que eu vivi lá, pois me abriu o mundo. Os menininhos hoje, cada vez mais tapados, não estudam. Cada vez mais presos nas redes sociais, nos panos e no radicalismo, e vão vivendo uma vida de hipócritas.

15

"Com o passar do tempo, fui vendo que não só é normal, como hoje ouso dizer, é uma regra"

Augustus, 34 anos, ingressou no seminário aos 18 anos, onde permaneceu por oito. Durante esse período, dividiu sua formação entre três anos no seminário religioso e cinco no diocesano. Hoje, ele já não segue a fé católica, é professor e leva uma vida distante das estruturas eclesiásticas, vivendo na região Nordeste do Brasil. Sua história reflete os desafios pessoais e institucionais enfrentados ao longo do caminho, marcado por um olhar profundo sobre a complexa relação entre espiritualidade, sexualidade e vocação.

> Para uma pessoa que foi criada dentro do catolicismo e que tinha o sacerdócio como meta de vida, sinto certa falta do seminário. Porém, tive que fazer todo um processo de aceitação dos fatos e de mim mesmo para poder ressignificar minha vida. Hoje posso dizer que sinto falta no sentido de querer de novo? Não. Não quero. Estou muito bem, sendo quem sou e conseguindo ser uma pessoa aberta a novas experiências. Hoje estou na jurema, religião afro-indígena no Nordeste. Mas, falando da época de seminário, o que mais me

marcou de uma maneira positiva foi a diversidade de pessoas e experiências, acho que são as duas coisas que mais me chamam a atenção. Tanto na vida religiosa quanto na diocesana, aprendemos muito a lidar com pessoas e situações, e isso nos deixa mais maduros, nos torna pessoas melhores. Eu particularmente até hoje tenho boas lembranças desses dois pontos.

No aspecto negativo, acredito que o ambiente da VR [vida religiosa] não é tão pesado, pois se busca minorar isso com a vida fraterna. Em compensação, se não souber lidar, vira uma pedra no sapato. Tive no último ano de seminário muitos aborrecimentos que lembro até hoje. Já na vida diocesana, é literalmente o ambiente. No meu caso, o ambiente do seminário parecia de vigilância constante. Pra tudo. O que fazia com que eu e outros colegas tivéssemos válvulas de escape, como a bebida, por exemplo. Mesmo proibida, dávamos nosso jeitinho (risos). Outro ponto que é importante salientar é a falta de estrutura. Principalmente psicológica. Não tinha um acompanhamento dos seminaristas no sentido afetivo-sexual. Quando se puxava para o lado afetivo-sexual, muitos levavam na brincadeira, e os próprios formadores não tinham maturidade ou estudo para tal. A Igreja negligencia o estudo sério da sexualidade. Tanto na questão de maturidade coletiva, no trato com os seminaristas e até mesmo entre os próprios padres, quanto individualmente, no tratamento de "síndromes" como gostar de dinheiro e ter sede de poder e a própria questão afetivo-sexual.

Falando sobre a homossexualidade, certa vez, conversando com um colega, fiz a pergunta do porquê o seminário ser um atrativo para gays. Ele me respondeu algo que achei pertinente: assim como o Exército, a Marinha e as Forças Armadas em geral, o seminário é um ambiente extremamente masculino. E nesses ambientes talvez a homossexualidade seja uma realidade por si só. Assim também como os conventos femininos, que imagino ter um certo nível de lesbianismo. Então, até entrar no seminário, eu pensava que essa realidade não existia. Mas, com o passar do tempo, fui vendo que não só é normal, como hoje, ouso dizer, é uma regra. Há também a questão da beleza e do poder, que eu acredito que sejam duas "forças" que impelem os jovens para o sacerdócio. Hoje vejo a propaganda vocacional como uma "armadilha" dessas duas armas. Talvez seja justo que eu me expresse melhor. Veja bem, TUDO na Igreja é uma catequese. Muitas vezes, pensamos que o recurso vocacional é apenas aquela "propaganda" do "Jovem, venha ser de tal congregação!", mas não é apenas isso. Querendo ou não, a Igreja

A vida secreta dos padres gays

nunca deixou de ter em si o germe daquele poder medieval e dos tempos da romanização. Então, também muitos dos recursos usados ainda são daquele período, mesmo que não nos demos conta disso. Tudo na Igreja é uma propaganda vocacional, desde as pinturas e imagens, até as vestimentas douradas do sacerdote numa festa de Nossa Senhora. Tudo chama a atenção. Em suma, mesmo que indiretamente, a propaganda da Igreja utiliza de poder e beleza, e isso faz com que muitos jovens, principalmente aqueles mais sensíveis a essas duas categorias, se encantem e vejam na Igreja um caminho de vida que podemos chamar de vocação. Ora, só para se ter uma ideia, lembro-me de chorar vendo vídeos da Igreja no YouTube logo quando cheguei no seminário religioso. Quando estava pra baixo, triste, era uma das coisas que me deixava melhor e me alertava.

Com relação ao modo como a Igreja lida com a homossexualidade, obviamente, num mundo ideal, ela deveria ser tratada como algo comum do ser humano. Infelizmente, como não estamos nesse mundo ideal, a Igreja ainda continua tratando isso como algo imoral, fora da natureza etc. Mas, se podemos dizer que existe um primeiro passo, seria olhar essa realidade como realmente existente, e não ficar sempre tentando encobrir ou não dar a devida atenção. Tive um colega que dizia que a Igreja era especialista no ser humano. Infelizmente, ele estava redondamente errado. Ele não sentiu raiva como eu senti. Ele não sentiu tristeza por ser expulso como eu senti. Resumindo, ele não viu o lado madrasta da Igreja como eu vi. Ver o ser humano em sua integralidade é vê-lo também no seu aspecto afetivo-sexual, e isso a Igreja simplesmente ignora. Eu fui expulso por querer viver minha sexualidade. Apenas isso. Conheci um garoto em uma festa de formatura e fiquei visitando o trabalho dele. Em seu aniversário, lhe dei algumas flores. Na ocasião, acabei sendo visto e fui delatado ao reitor. Foi isso. Não minto. Caso hoje eu estivesse ordenado, não seria diferente de muitos que têm vida dupla. É simplesmente IMPOSSÍVEL querer tolher um aspecto da humanidade de uma pessoa, que é a sexualidade, quando esta se expressa nos afetos e paixões. O incrível é que, no primeiro mês de seminário, logo que cheguei, soube de todos os casos, casais, brigas, intrigas etc. que aconteciam na casa. Vi com meus próprios olhos um dos formadores colocar no mesmo quarto dois dos seminaristas que todos sabiam que tinham um relacionamento. Foi quase que "por sorteio", na troca de quartos, ao mudar o ano. Desses dois, hoje, um é ordenado na minha arquidiocese, e o seu par está em outra diocese, foi ordenado, e quase todo mês se veem. Um visita a paróquia do outro. Lembro que o tema deles era aquela música "Borboletas", de Victor e Leo, mas a "puta" era eu, que queria viver minha sexualidade. Depois entendi que o problema não era isso. Era viver a sexualidade explicitamente! Tudo bem vivê-la escondido de todos ou "por debaixo dos panos", como dizemos aqui. Mas pra todos verem e saberem, jamais. Isso é uma coisa que, por mais que eu queira, não esqueço, nem sai de mim o sentimento de inconformidade. Vou levar isso para o túmulo!

O celibato não funciona. E aqui lanço mão de um argumento simples: a história. Olhando a história da Igreja, podemos perceber que nem mesmo os papas escaparam de ser vítimas das paixões. Como exemplo, podemos citar Alexandre VI, cuja devassidão é lida até hoje. A única coisa que mudou foi a visão em relação ao celibato, assim como a visão em relação ao papa. Tal como o papa ficou mais espiritual que político, da mesma forma, o celibato ficou mais espiritual do que imposto, como realmente foi e é. É muito bonita a visão espiritualizada e romantizada das coisas. Dizer que ser celibatário é ser algo de amor ao reino de Deus, ou que não faz diferença, é algo que soa hipócrita. Aí começa a distorção. Começa-se a pregar algo desse tipo e, na prática, a vida é dupla. E quando os "escândalos" acontecem, aí vem a verdadeira face do indivíduo. Na minha visão, a Igreja tinha que realmente ver qual o sentido do celibato, sem uma teologia rasa, sempre com os mesmos textos bíblicos. Aí você pode perguntar: mas e o caso dos santos? Bom... veja só que até mesmo os santos lutaram "contra" sua sexualidade. O próprio São Francisco se jogou em uma roseira para poder "martirizar" seus impulsos. Mas aí já é uma outra questão, que é a visão da Igreja sobre o corpo.

Voltando ao que penso sobre o seminário, nunca pensei que pudesse sentir ódio da Igreja pela qual um dia senti tanto amor e que defendi com unhas e dentes. Passei dois anos, logo ao sair, sem conseguir nem chegar na porta da catedral. Quase que como um trauma, por ver o caminho que planejei pra vida inteira se fechar assim, de uma hora pra outra. Foi difícil ter que ressignificar o sentido de tudo. Hoje não sinto mais ódio, mas acredito que mágoa e indiferença sejam as palavras que possam traduzir o que sinto. Dos seminaristas que conheci ao longo desses anos, poucos, após sair (geralmente apenas os que saíram, porque não se encontraram mesmo naquele caminho), continuam engajados na Igreja. Quando muito, vão apenas às missas, como qualquer pessoa. Amor, não sinto mais. Já senti e muito. Hoje, não mais. Tenho um sentimento de gratidão por ter ido ao seminário. Acredito que o que eu tinha que viver lá, vivi. Muito do que sou hoje aprendi tanto na vida religiosa quanto na diocesana, principalmente em relação às pessoas. Apesar dos pontos negativos, muitos agregaram para mim enquanto pessoa. Com relação à homossexualidade, não vejo uma relação direta com o fato de eu ter ido ao seminário. O que quero dizer é: não se vai ao seminário por ser homossexual. Mas ela [a homossexualidade] é que lhe "encaminha" indiretamente para lá, principalmente se você nasce em uma família católica e é criado dentro da Igreja, participando de movimentos, pastorais etc. Ao chegar lá é que a realidade se impõe. E, à primeira vista e dependendo de quais visões de Igreja você tenha, pode até "assustar". Ou seja, ela [a homossexualidade] mostra que está em seu hábitat natural e que você é mais um a tê-la consigo. O que se deve fazer? Um processo de autoaceitação. Foi o que fiz. Vi que não tinha jeito e fui me assumindo pra mim mesmo. E vendo que não havia "problemas" em estar ali e ser do jeito que eu era, desde que não escandalizasse, digamos assim, a moral da Igreja. Parafraseando um ex-formador meu que dizia: "Muitas vezes prefiro ficar com o Evangelho do que com a Igreja", hoje olho para a Igreja e digo: "Prefira ficar com Cristo do que com a doutrina pela doutrina". Acredito que isso resume tudo.

16

"O melhor caminho seria a Igreja assumir que ela é hierarquicamente uma instituição homossexual"

Padre João da Silva é um jovem sacerdote homossexual que anseia por uma Igreja fora do armário. Embora não se sinta preparado para expor sua própria realidade, João acredita que a Igreja precisa enfrentar de forma honesta o tema da diversidade. Em muitas conversas que tivemos, ele não apenas questionou as estruturas conservadoras da instituição, mas defendeu que ela seja um espaço de acolhimento e verdade.

Optei pelo sacerdócio porque eu sentia no meu coração um chamado de Deus. Cresci numa família que não frequentava igreja. Foi uma vizinha que me levou para a catequese, depois me tornei coroinha. Eu via a vida dos padres e queria ter uma vida igual à deles, sentia o desejo de ter uma vida como a deles. Eu lia os evangelhos e queria fazer o que Jesus fazia: visitar os doentes, consolar as pessoas. Observava tudo isso e sentia que essa era a missão da minha vida. Foi quando, muito jovem, entrei para o seminário, com quinze anos de idade. A razão principal que me levou ao sacerdócio foi o sentimento espiritual de uma vocação, de um ideal de vida. É claro que com tudo isso também tinha as confusões da adolescência, percebi que gostava de meninos e não gostava de meninas. E já me pegava meio que apaixonado pelos meninos com os quais tinha contato.

Não tive coragem de me assumir para a minha família nessa época. Pensei que, no seminário, talvez resolveria isso, mas quando lá cheguei encontrei muitos outros iguais a mim. Na verdade, a maioria deles. E aquelas fantasias de adolescente, que eram impossíveis de realizar fora do seminário, pelo medo de os amigos ali da rua não corresponderem, e pelo medo de me assumir, começaram a se tornar possíveis dentro do seminário. Então, foram crescendo duas coisas ao mesmo tempo: aquele sentimento espiritual de vocação, mas também a realização dessas fantasias homossexuais. No começo, era muito conflituoso, eu ficava muito mal por causa do pecado, confessava e falava para o formador. Os meninos [outros seminaristas] às vezes viravam a cara para mim. Fiquei muito tempo isolado, porque sempre me abria para os formadores, e fui percebendo, ao longo do tempo, que quem ficava pior era eu, os demais seguiam sua vida normalmente. Comecei a agir como os outros também. Tinha encontros fortuitos dentro do seminário e ia levando a vida numa boa.

Com relação a isso, penso que existem dois tipos de vida dupla dentro do clero. Tem aquela vida dupla que é hipócrita, dos padres que usam o altar, o púlpito, para criticar a homossexualidade e defender uma moral conservadora, mas que a gente sabe que fora da igreja eles vivem uma vida sexualmente ativa. Essa vida dupla precisa ser combatida, porque é muito falsa. Agora, existem outros padres que, apesar de a sociedade e a Igreja verem como vida dupla, o que penso é que eles tentam fazer uma síntese. Por exemplo, no meu caso. Não uso o altar, o ambão [móvel litúrgico que serve para depositar o lecionário], as estruturas da Igreja pra combater a homossexualidade. Não, pelo contrário, procuro acolher essas pessoas e ajudá-las. Nunca saiu da minha boca uma crítica a isso, porque sei o que vivo e acho que, vivendo assim, a gente conseguiria alcançar uma síntese, tornando a Igreja um espaço acolhedor e que promova de fato o amor e a mensagem de Jesus. Não um espaço de medo, de terror e de condenação, que foi o que passei também nos discursos do seminário, por muito tempo. Isso deixa marcas profundas.

Fazer essa síntese, tentar ser esse tipo de resistência dentro da Igreja é algo bem complexo, é difícil e pode custar a própria vida e o próprio ministério. Mas sinto que há um grande movimento. Pelo menos de intelectuais dentro da Igreja, que tentam mudar essa estrutura. Acontece que a maioria gosta mesmo da vida dupla e da falsidade. Seminaristas se unem para orgias e boates gays. Há padres que frequentam saunas, mas não se reúnem para defender o coletivo. Eles usufruem das liberdades que as pessoas conquistaram, mas eles mesmos não se comprometem com elas. Isso para mim é bem revoltante, é muito revoltante.

A Igreja deveria ser verdadeira, sabe? Existem alguns movimentos nos Estados Unidos, na Alemanha, em que os padres vêm a público e afirmam a sua sexualidade. A Igreja tem que se reconhecer como uma instituição que hoje é majoritariamente homossexual. Tem que se reconhecer assim. Trabalhar na verdade. Se ela assumisse isso, creio que os escândalos seriam menores e não precisaria fazer tempestade em copo d'água. Uns tipos de escândalos homossexuais que a Igreja trata. Porque é uma realidade geral, mas, para isso, a instituição precisa mudar o discurso, pois trata esses atos como intrinsecamente maus. Dar um passo atrás, para a Igreja, é muito difícil. Tem muita gente interessada em se manter no segredo, em obter apoio de pessoas que são contrárias à agenda LGBT, mas o melhor caminho seria a Igreja assumir que ela é hierarquicamente uma instituição homossexual.

Não creio que seja possível ser feliz sendo gay sem expressar a sua sexualidade, mas também creio que a sexualidade não se expressa somente no ato sexual, por exemplo. Acho que se a gente tivesse liberdade para falar sobre isso, para reconhecer isso, para tratar naturalmente como é, e não como algo pecaminoso, horrendo e absurdo, a gente seria mais feliz. Entre nós isso acontece. No clero e entre os seminaristas, o estilo de vida é homossexual, mas a questão é que tem que ser velado. Ninguém pode descobrir. Se a gente assumisse isso, ajudaria muitas pessoas, mas é algo que ainda não é permitido.

Quando a gente é impedido de se expressar livremente, quando somos martirizados por causa disso, entramos numa tristeza muito profunda. Casos de depressão e casos de suicídio no clero, que estão aumentando, com certeza estão ligados a isso. Às vezes, fico pensando sobre o que poderia fazer. Abrir mão não parece uma opção, porque é muito profunda aquela experiência religiosa e mística que tive lá na infância e na adolescência.

A vida secreta dos padres gays

Tive a experiência transcendente. Mas também tem essa outra questão que precisa ser trabalhada. Estruturalmente, precisa haver mudanças. Entre nós, a gente expressa a nossa sexualidade, mas o problema é não poder expressá-la publicamente. A instituição continua preocupada em manter uma aparência de defender certos valores que já não são vividos.

17

"Hoje a realidade é que a grande maioria do episcopado é formada de gays"

Padre Beto ficou famoso ao ser excomungado pela Igreja Católica, em 2013, após sua visão sobre pautas morais serem tidas como inadequadas. Apesar de heterossexual, o sacerdote foi perseguido, além de outros motivos, por apoiar o casamento gay. A questão da homossexualidade no clero permeou toda a sua experiência na instituição. Ele conversou comigo inúmeras vezes e deu um depoimento exclusivo para este livro.

Eu acredito que não há nenhum empecilho para que um homossexual seja padre, se ele realmente é vocacionado, como um heterossexual também deve ser vocacionado. Não há diferença nenhuma aqui entre um homossexual e um heterossexual. Agora, o homossexual tem que ser bem vocacionado. Por quê? Porque se você é heterossexual, por exemplo, e te coloco num pensionato de moças, você vai ter que possuir uma convicção muito forte do que está fazendo ali para não se envolver emocional e sexualmente com essas moças. A mesma coisa é um homossexual dentro de um seminário. Ele vai estar confinado ali com rapazes pelos quais têm atração. Então ele vai

A vida secreta dos padres gays

ter que ser um cara bastante vocacionado, mas eu não tenho nada contra. A forma como os homossexuais são recebidos e como a sexualidade humana é tratada ou não tratada nos seminários e na Igreja, é aí que eu vejo o grande problema. O problema não é o homossexual em si, mas como a Igreja trata essa questão. Na verdade, em primeiro lugar, é importante ressaltar que a Igreja não encara a questão. Ela não admite essa realidade. Também a própria comunidade. Vamos colocar não só a Igreja hierárquica, que deveria se debruçar sobre o tema seriamente, mas a Igreja comunidade também. Funciona da seguinte forma: a partir do momento que o jovem entra para o seminário, ele se torna um ser assexuado. Daí vem desde a década de 1990 pra cá, acredito eu, um movimento muito claro de jovens que completam seus dezoito, dezenove anos, que são homossexuais, são gays e acabam entrando para o seminário sem vocação. Mas entrando somente com a intenção de se esconder, de não ter que se assumir. Quando vai completando seus dezoito, dezenove anos e não tem uma ficante, não tem uma namoradinha, a sexualidade do rapaz começa a ser questionada. Então, ele entra para o seminário. Entrou para o seminário, pronto, ele resolveu o problema e se torna um ser assexuado. E isso continua durante muito tempo. Tive colegas padres que tinham casos, tive colegas padres que formavam casais com outros padres e que a comunidade até via, mas não queria enxergar. Essa questão de entrar para o seminário para se camuflar é muito simples, é um modo de sobrevivência. Sei que acaba desembocando no mau-caratismo, mas é uma questão de sobrevivência. Esses gays acabam entrando no seminário para se esconder. Eles não têm vocação, então eles acabam se apegando a duas coisas: à estética (por isso que você vê hoje muitos padres usando batina, rendas, paramentos de ouro, brilhantes; é muito gay, mesmo, tudo isso que se usa hoje) e ao poder.

Eu me lembro disso na década de 1990. Eu fiz minha formação toda praticamente no seminário da Alemanha. Mas eu fiquei três meses no seminário de Marília fazendo umas matérias que eu precisava enquanto esperava pelo visto. Naquela época, já tinha a ala gay dentro do seminário, que era minoria, hoje não, é a maioria. Enquanto nós não nos preocupávamos com a questão da organização do seminário, com cargos de poder, pois a gente estava dando a mínima para o seminário, a gente queria era a pastoral, mexer com o povo e tal, esse grupo dos gays tomava postos de poder lá dentro. Então aí a gente já via essa questão. Como não têm vocação, eles acabam se apegando à parte estética e ao poder.

Hoje, a realidade é que a grande maioria do episcopado é formada de gays. Por quê? Gay vai indicando gay. Veja bem, nós estamos falando de uma "espécie" de homossexual que não é sadia, que é muito doentia. Ela não tem vocação. Esse povo não tem vocação. Está ali pra se esconder. Se utiliza da instituição para sobreviver. Aí tem um discurso, tem que ter um discurso homofóbico e tem que ter um discurso a favor do celibato. Interessante que, em pleno século XXI, é uma problemática que eles mesmos criaram para eles próprios, que parece piada, parece coisa de adolescente. E são pessoas já idosas, pessoas da terceira idade, pessoas de meia-idade que estão vivendo uma vida adolescente e que poderiam estar vivendo uma vida muito tranquila, sadia. No entanto, essas pessoas também são vítimas. Um jovem que entra para o seminário com essa intenção tem dentro de si a atmosfera homofóbica. Ele não vai se assumir justamente porque ele vai ser motivo de piada, de culpa, de pecado. Todo esse ambiente homofóbico é um ambiente judaico-cristão. A Igreja criou ou as igrejas cristãs criaram esse ambiente. A princípio ele [o seminarista] é vítima, depois ele se torna vilão.

Quando fui excomungado, passei primeiro por perseguição de parte da Igreja. Antes de tudo, fui vítima da inveja, do ciúme. Quando cheguei em Bauru, eu encontrei uma igreja muito conservadora, voltada muito para si. E eu sou um comunicador nato, sempre gostei muito de gente. Eu me formei na Alemanha, e lá a Igreja é muito progressista. Bento XVI não representa a igreja alemã. A igreja alemã é muito avançada. Recentemente estava conversando com um colega alemão que é padre, e eles estão em luta, concedendo bênçãos a casais homoafetivos, lutando pela presença da mulher no sacerdócio, enfrentando Roma e não tendo nenhuma repressão de seus bispos. É uma outra igreja. Eu cheguei no Brasil com uma cabeça e com uma capacidade de aglomeração muito forte. Eu tinha em cada missa cerca de 1.200 pessoas em Bauru. E não era missa de cura e libertação, não era missa da RCC, pelo contrário, eu era um opositor a ela. Era uma missa onde se tinha uma homilia muito bem preparada e que questionava as pessoas. Isso foi atraindo, era um diferencial. Isso foi criando problemas em relação ao meu relacionamento com meus colegas. Mas também pelo meu caráter hétero e minha afinidade com a realidade homoafetiva, isso também foi criando problemas. Bom, também eu tinha tocado muito na ferida no posicionamento do clero de Bauru, na

A vida secreta dos padres gays

reunião do clero, por exemplo. Uma vez o hospital de Bauru entrou em crise e estavam morrendo pessoas. Lembro que foi quando cheguei em Bauru. Um colega meu, e esse já é bispo hoje e tenho certeza de que já é bispo porque ele é gay, rezou a cartilha como deve ser rezada. Na época, ele ia fazer uma palestra sobre clone humano, aí peguei o microfone na reunião do clero e falei: "Gente, espera aí. Tem gente morrendo no hospital que nós temos aqui. Cadê o bispo de Bauru?". Falei na frente do bispo. "Chama a imprensa, filho de Deus não pode ser tratado dessa forma. Ou então convida o prefeito e o deputado de Bauru para uma reunião séria e puxa a orelha dos dois." Aí, voltei para esse meu amigo e falei: "Nessa situação você vai fazer palestra sobre clone?". Eu sempre colocava o dedo na ferida, e isso foi criando um mal-estar, então foi uma soma de coisas para me perseguirem, mas a questão do meu posicionamento favorável em relação aos direitos gays foi a gota d'água.

Interessante que vou lembrando de certos fatos, fora aqueles que eram explícitos. Por exemplo, tinha um padre que, quando eu era vocacionado, me convidava sempre para dar uma volta de carro. Ele parava na frente da minha casa, ficávamos dentro do carro, não tinha mais assunto e ficávamos lá, ele não me dispensava. Quando entrei no seminário menor, esse padre era o reitor. Um dia, um seminarista bateu na minha porta, entrou e falou que não aguentava mais e iria embora porque quase toda noite tinha que ir para o quarto do reitor, que o bolinava. Seminarista não é nada, se se envolve em algum problema é mandado embora. Pedi para ele esperar, que eu iria fazer alguma coisa. Chamei o bispo e relatei o que estava acontecendo. Resultado: saiu meu visto, eu fui para a Alemanha, o padre foi para a catedral e o rapaz foi entrando num processo de revolta. Hoje esse rapaz não é padre, é um trabalhador na cidade de Marília. O referido reitor é padre até hoje, inclusive ele formou casal com outro padre durante seis anos, mais ou menos, depois eles romperam o relacionamento porque o outro o traiu. Ele também estava no meu tribunal eclesiástico, foi um dos que me julgaram. Não olhava sequer na minha cara, estava vermelho.

Sobre a formação no seminário, o rapaz faz três anos de filosofia e vai fazer teologia. O que você faz com teologia? Você não faz nada. E, à medida que a idade vai passando, pior vai ficando. Tinha colegas da minha idade, com 42, 43, 45 anos, que tinham o mesmo pensamento que eu, tenho certeza, mas não abriam a boca por medo. Se eles saíssem ou fossem obrigados a sair, o que eles iriam fazer como trabalho? Como eles iriam sobreviver? É muito difícil essa situação. A Igreja prende. Acabei de escrever minha autobiografia e eu bebo muito de Nietzsche. Escolhi como título "Vontade de potência". Minha autobiografia não é só sobre a minha excomunhão; falo desde meu nascimento, que foi complicado, vou contando sobre minha infância, quando sofri muito *bullying* na escola, pois era gordinho. Tenho várias fases de superação, e a Igreja me ajudou muito nisso, sou muito grato. Me ajudou a me ver como pessoa, a me desenvolver como pessoa, então *Vontade de potência* será uma forma de homenagem a Nietzsche e representa muito essa questão de você crescer cada vez mais e não se contentar. A minha autobiografia também é uma contribuição a essa questão gay no clero, citarei alguns casos. Por exemplo, eu era seminarista e o meu seminário na Alemanha era muito conceituado, o segundo mais antigo, fundado pela rainha da Baviera. Antigamente era para quem ia ser bispo. Bento XVI, por exemplo, estudou no meu seminário. É um seminário com muito *status*. Tinha um arcebispo, que era arcebispo na Polônia, e ele tinha padres e seminaristas poloneses no meu seminário, estudando. Uma vez por ano, ele ia fazer visitas no seminário, pois o reitor puxava o saco de bispos e cardeais, que, para ele, eram como Deus na Terra. O arcebispo chegava e era recebido como um rei, com um jantar. No primeiro jantar em que eu estava presente, o arcebispo soube que tinha um brasileiro. Depois do jantar, mandou me chamar no refeitório. Quando cheguei, ele me cumprimentou em português. Um português bem falado. Ele me explicou que era amigo íntimo de João Paulo II e que, quando aquele papa veio ao Brasil pela primeira vez, ele veio junto na comitiva e se apaixonou pelo Brasil. Hoje eu fui perceber que, na verdade, ele se apaixonou pelos meninos do Brasil. Ele disse que, por ter se apaixonado pelo Brasil, aprendeu o português. Eu era muito ingênuo, depois vou revendo as situações e dou risada. Naquela situação, eu lembrei que tinha um livro no meu quarto em português, pedi licença, peguei o livro e dei de presente, para que ele pudesse exercitar o português. Era um livro de poesias de Vinicius de Moraes. Ora, era um livro de poesias de amor. Nos despedimos. Quando foi 22h, 22h30, tocou o telefone do meu quarto e era o arcebispo, o que não era normal de acontecer lá. Era ele no telefone declamando uma poesia de amor pra mim. Até então, eu achei que era uma questão de ele querer praticar o português e mostrar que já estava lendo o livro. Eu agradeci, fiquei muito feliz e parou por aí. Um ano depois, um seminarista dele ia ser ordenado diácono e esse rapaz me convidou pra ir ao seu diaconato, o que seria a oportunidade de eu conhecer a Polônia. Eu fui, e primeiro fomos recebidos por aquele arcebispo com um

A vida secreta dos padres gays

jantar no palácio episcopal. Ali começou a cair a ficha; só tinha jovens, eu era o cara mais velho. Aliás, eu entrei mais velho no seminário. Só tinha jovens no jantar, ninguém da minha idade e ninguém da idade do arcebispo. Bom, teve a ordenação e, no dia seguinte, fomos nos despedir. O diácono entrou primeiro no escritório, fiquei na sala de espera, o tempo passando e eu esperando. Aí o diácono saiu e falou: "É a sua vez!". Aí eu entrei, fechei a porta. Ele me recebeu de braços abertos. Até então, os braços abertos, para um brasileiro, são somente braços abertos. Dei um abraço nele, ele me abraçou com aquele abraço de urso, começou a me apalpar e foi descendo, até pegar na minha bunda. Quando ele pegou na minha bunda, imediatamente abri os braços e fiquei com os braços retos. Eu era um seminarista, então tinha que tomar muito cuidado. Estava com um arcebispo e era um seminarista. Então, não fiz nada, não empurrei e fiquei com os braços abertos. Quando ele sentiu que não havia reciprocidade, ele me largou, deu um dinheiro para mim, agradeceu minha visita e me despachou. Depois de um tempo, fui ordenado, voltei ao Brasil, terminei meu doutorado. Em 2005 ou 2004, se não estou enganado, esse arcebispo foi capa da Veja porque descobriram que ele tinha relações com padres e seminaristas, na sua grande maioria, um número muito grande. Todos aqueles colegas que eu tinha no seminário da arquidiocese dele com certeza tinham caso com ele para poder estudar na Alemanha, pois era um privilégio. Aquele diácono, não sei o que fez, o que teve que fazer, mas ele ficou um tempão lá dentro, tendo que fazer algum serviço para o arcebispo. É uma prostituição interna. Conheço um rapaz hétero que hoje é casado e tem uma filha, mas entrou junto com um amigo para um seminário em que o formador é gay. Ele começou a dar indiretas que para os dois ficarem no seminário teriam que fazer o teste do sofá. Até que um dia, no café da manhã, o rapaz percebeu que o amigo tinha topado fazer o teste. Diante disso, chegou à conclusão de que o sacerdócio não era para ele e saiu. Assim começa essa promiscuidade, essa prostituição para você permanecer, ter vantagens. E ainda tem o lance de que se um padre desses tem uma relação com um seminarista, ele tem que favorecer esse seminarista também, porque ele está na mão desse seminarista, que pode abrir a boca a qualquer momento. Então ele vai favorecer, com certeza. Esse jogo é muito claro, é muito recorrente na Igreja. É muito triste, uma situação triste. Esse jovem, por exemplo, tinha certeza de que seu amigo era hétero, ou talvez fosse bissexual. De qualquer forma, ele teve uma relação sexual com o padre para permanecer ali e não ser mandado embora. Assim começa a promiscuidade e a troca de favores, porque esse padre também fica na mão do seminarista e vice-versa.

Eu acredito que, enquanto a Igreja não fizer uma grande reforma moral, ela vai continuar tendo vários problemas com relação à questão da homossexualidade. Não só com a homossexualidade, mas com a própria visão da sexualidade. O cristianismo, na verdade, seguiu mais Paulo que Jesus. Antes do cristianismo se tornar a religião oficial do Império, o que vai acontecer mais de quinhentos anos depois da morte de Jesus, a filosofia estoica domina Roma, e é o Império Romano que vai colocar as bases para esse cristianismo. O cristianismo é oficializado, Constantino vai fincar as bases ali para se tornar a religião oficial. Interessante que esse cristianismo que vai se tornar religião oficial vai pegar como princípios as cartas de Paulo e vai esquecer de Jesus. É como as igrejas evangélicas hoje: todos os pastores falam em nome de Jesus, mas eles vão citar o Antigo Testamento e Paulo. A mesma coisa é o cristianismo nascente. Então, todo esse moralismo, essa visão negativa do mundo e da sexualidade humana vêm de Paulo. Jesus, não, Jesus tem uma visão muito positiva do mundo. Ele não vai falar nada de homossexuais. Isso não é tema para ele. É a Igreja que vende a imagem de um Jesus sofrido. Jesus só sofreu quando ele chorou em frente ao túmulo de Lázaro e na hora da cruz, mas toda a vida dele é de alegria, banquete, em que o reino de Deus é como uma festa. Jesus é um cara que enxerga a vida de uma maneira muito positiva.

Padre Beto — Foto de arquivo pessoal

PARTE IV

Conclusões

"[...] como a maioria dos homens tem uma mulher para amar, quem o homossexual pode amar? Deus, certamente, no contexto da comunidade e de um serviço celibatário nobre. Este é o padrão da história, pois então o sexual é absorvido na comunhão amorosa com Deus e com a comunidade."

Padre Matthew Kelty

1

O que dizem a imprensa e os especialistas

A relação entre religião e sexualidade, e particularmente entre cristianismo e a dimensão erótica, é tão complexa quanto a discussão sobre ela. Neste livro, detive-me numa faceta desse debate, que é a homossexualidade no clero católico, sobretudo o brasileiro. Ainda são poucas as pesquisas acadêmicas. No entanto, têm aumentado as notícias[96] pontuais sobre padres gays, mas ainda é preciso a profundidade característica das boas reportagens. Essa temática é tratada apenas no viés do escândalo. A imprensa brasileira ainda é muito tímida ou carece de conhecimento quanto a essa pauta. Um caso que foge a essa timidez ou reticência é de

---

[96] No início deste século, já eram frequentes notícias sobre o clero homossexual, mas quase sempre na lógica do escândalo: "Outra conduta dos membros do clero, noticiada pela imprensa com frequência, é a prática homossexual. Segundo a reportagem da revista *Veja* 'Gay de batina' (*Veja* - Comportamento. 'Gay de Batina', 13/02/2002), o padre espanhol José Mantero, 39 anos, diz que são raros os sacerdotes, homo ou heterossexuais, que respeitam o voto de castidade. A declaração do Padre Mantero, pároco em uma cidadezinha ao sul da Espanha, teve grande repercussão, porque foi publicada em revista dirigida ao público gay, a *Zero*. Na capa da revista, estão o padre, de batina, e a manchete: 'Dou graças a Deus por ser gay'. A entrevista causou grande indignação junto a seus superiores, que o suspenderam. Mantero ameaçou divulgar uma lista de sacerdotes gays, caso continuasse a ser pressionado. Segundo a reportagem, ele tem o apoio de outro padre, brasileiro, que vive na Espanha desde os 10 anos e conta que, quando no seminário, manteve relações com três colegas que hoje são bispos, e ameaçou denunciá-los caso a 'perseguição' ao Padre Mantero, ou a qualquer outro padre que admitisse ser gay, continuasse. Na reportagem do jornal *Folha de S. Paulo* do dia 05/03/03, o porta-voz do papa, Joaquin Navarro-Valls, anunciou que homossexuais não devem ser ordenados padres. O anúncio baseia-se em vários estudos que mostram o grande número de padres gays. No entanto, a reportagem diz que estudiosos ou pessoas que estão ou já foram ligadas à Igreja Católica admitem que não é possível banir os homossexuais, justamente pelo fato de que estes constituem uma fatia considerável do número de padres da instituição. Alguns desses estudiosos afirmam que, percentualmente, há mais homossexuais na Igreja que na população em geral" (PEREIRA, 2004, p. 259, 260).

2020, quando a BBC News Brasil — talvez não por acaso, uma empresa jornalística estrangeira —, com reportagem do jornalista Vitor Hugo Brandalise, publicou importante e rica matéria sobre a questão: "Gelo no pênis, exorcismo e medo; os padres gays silenciados pela Igreja no Brasil". Conversei com Brandalise para entender como se deu sua pesquisa e de onde partiu o interesse por tema tão específico.

> Tive a ideia ao ler uma reportagem no New York Times sobre o assunto. A autora tinha falado com dezenas de padres homossexuais, sobre as dificuldades que eles encontravam para serem felizes dentro da Igreja Católica — instituição que amavam e à qual dedicavam suas vidas, mas que não aceitava a orientação sexual deles. Apenas um ou dois autorizaram mostrar sua identidade, e a maioria falou sob sigilo, por medo das consequências que poderiam sofrer. Era uma reportagem muito rica, principalmente pelo grande número de depoimentos de padres que ela conseguiu reunir. Pensei então que, creio, nunca havia sido feito um trabalho jornalístico semelhante no Brasil, e que poderia seguir a mesma estratégia de apuração: falar com o máximo de padres homossexuais que eu conseguisse, mesmo que sob anonimato. Creio que foi a variedade e riqueza dos depoimentos — sempre a partir da confiança que os entrevistados depositaram no meu trabalho — que fez com que essa reportagem se tornasse relevante.

De fato, a reportagem ganhou grande relevância, fundamentando estudos acadêmicos[97] e trazendo uma abordagem que a coloca no rol das poucas reportagens de qualidade sobre o tema no jornalismo brasileiro. Embora não trate da realidade brasileira, há outro texto igualmente rico, publicado pela revista *Piauí* em março de 2019, que aborda a existência do grande contingente de sacerdotes católicos homossexuais nos Estados Unidos, inclusive com estimativas. Trata-se de matéria assinada por Andrew Sullivan, com tradução de Sergio Tellaroli:

> Não sabemos quantos padres da Igreja Católica são gays, pois não existem números confiáveis. O Vaticano já realizou muitos estudos a respeito do clero, mas nunca sobre isso. Nos Estados Unidos, no entanto, onde há 37

---

[97] "Gelo no pênis, exorcismo e medo: gênero, sexualidade e religião em relatos de seminaristas e padres homossexuais", *Mandrágora*, 27(1), p. 119–151.

A vida secreta dos padres gays

mil padres, todas as pesquisas independentes dizem que pelo menos 15% dos sacerdotes são gays, e algumas estimam que esse número alcance 60%. Uma pesquisa que eu mesmo realizei nos últimos meses aponta para algo em torno de 30% a 40% nas paróquias e muito além disso — 60% ou mais – nas ordens religiosas, como a franciscana e a jesuíta.

A suspeita é sempre a de que o número é grande, mas não há consenso sobre a exatidão dele. O tema é delicado e complexo, e a Igreja jamais correria o risco de fazer um levantamento a respeito. Brandalise comentou essas dificuldades na abordagem.

A principal dificuldade foi justamente convencer as fontes a falarem comigo. Como eu mencionei, elas tinham medo de falar com um repórter e sofrer represálias dentro da instituição que lhes dava emprego e moradia e a que dedicam boa parte de suas vidas. Além dos padres que aceitaram dar o seu depoimento a mim para a reportagem, eu cheguei a conversar com outros cinco ou seis padres e seminaristas, que, no fim, não retornaram mais os meus contatos.

Como disse anteriormente, o mesmo aconteceu comigo durante a pesquisa: alguns aparentemente se dispuseram a falar e nunca retornaram. No entanto, os participantes que foram até o final contribuíram de forma excepcional.

Falei com vários padres homossexuais para a reportagem, e todos foram muito generosos ao contar como vivem a questão de ter uma orientação sexual que a instituição a que dedicam suas vidas condena. Me chamou a atenção o fato de que, à medida que ampliava o número de padres com quem falava, os relatos começaram a ficar parecidos. Vergonha, culpa, raiva, tristeza. As consequências do sofrimento psíquico que viviam se repetiam, o que, para mim, demonstra que está muito longe de se tratar de uma questão individual e pessoal daqueles sacerdotes, e sim que se trata de uma questão sistêmica. Uma questão sistêmica e que não é devidamente tratada, já que a regra é o silêncio dentro da instituição. A própria resposta da Igreja Católica às perguntas que eu fiz é uma amostra disso. O representante da Igreja designado a falar comigo não respondeu, por exemplo, à pergunta que fiz sobre se algo seria feito a respeito do sofrimento dos muitos padres homossexuais que sabidamente integram o clero. Eu citei exemplos do que os padres haviam me dito, o sofrimento psíquico que eles descreveram em seus depoimentos, e, mesmo assim, não obtive resposta para essa questão. Mesmo que se trate de sacerdotes fiéis à Igreja que vivem em sofrimento. Achei o silêncio em relação a isso decepcionante, e um sinal de falta de empatia (de piedade, de amor ao próximo) por parte da Igreja.

O silêncio fala por si mesmo, é sinal da omissão, do medo e, em última instância, da perpetuação das violências e sofrimentos apontados pelo jornalista e por estudiosos apresentados ao longo deste livro. Ainda assim, na academia são poucos os pesquisadores que se dedicam ao tema. Durante meu trabalho, mantive contato com a psicóloga, professora e doutora Eliane Rose Maio, da Universidade Estadual de Maringá, e com o pesquisador, doutor e psicólogo Jean Pablo Guimarães Rossi, da mesma instituição. Achei curioso que, em alguma parte do Brasil, houvesse pessoas interessadas na mesma temática, principalmente por não se tratar de membros da hierarquia católica. Os dois estudiosos já publicaram artigos, capítulo em livro e tese de doutorado sobre o tema, todos fundamentando este livro. Conversei com a professora Eliane por e-mail e lhe perguntei como ela observava o tratamento da questão por parte da Igreja.

Há diversos setores dentro da Igreja Católica com vieses diferentes de concepções teóricas e teológicas. Algumas são denominadas conservadoras, em que a homo/lesbo/bissexualidade ainda é vista como pecado, e seguem o que acreditam estar na Bíblia como sendo um desvio de conduta, e que quem o comete pagará por isso, quando tiver que prestar contas. Já há algumas igrejas mais atuais, que acolhem as pessoas com orientações sexuais e diversidade de gênero diferenciadas, invocando um dos mandamentos da Lei de Deus: "Amai-vos uns aos outros, assim como eu vos amo". Acho que gostar e ter desejo afetivo/sexual por alguém deveria ser somente da conta das pessoas envolvidas. Se esse relacionamento for bom, ético, agradável para as pessoas, é assim que devem ficar. Já as outras instituições, tais como a Igreja, deveriam acolher e não se importar/envolver com isso, pois desejo é desejo, desde que esteja em conformidade com quem está envolvido(a).

Questionei-a quanto ao grande número de bispos, padres e seminaristas homossexuais, e se a Igreja Católica está se tornando uma entidade homossexual.

> Não posso afirmar que há um consenso sobre isso, mas, como psicóloga que sou, e ouvindo muitos seminaristas e ex, escuto-os dizendo que ali viam um espaço em que podiam "esconder/camuflar/guardar no armário" seus desejos, pois talvez não seriam expulsos de casa; não seriam mais cobrados para arranjar parceiras, casar, ter filhos(as) etc. Ou talvez expiariam a culpa por se sentirem atraídos por homens.

A experiência na clínica está totalmente de acordo com muitos dos depoimentos que colhi, o que confirma novamente que é uma realidade que está em toda parte.

Meu contato com Jean Rossi se deu por videoconferência e por redes sociais. Ele comentou que seu interesse pelo assunto surgiu porque trabalhava com questões de gênero e sexualidade com professores e buscava um tema-recorte que fosse desafiador para suas pesquisas. Devido ao difícil acesso aos seminários, decidiu conversar com ex-seminaristas homossexuais, pois, além de assim não precisar de autorizações formais da Igreja, ainda contaria com entrevistados mais abertos a falar. O psicólogo logo se deu conta de que havia pouca literatura sobre os padres e seminaristas gays, tornando a tarefa cada vez mais árdua: "Desvendar os bastidores é muito difícil. Existe uma série de mitos e interditos, além da questão da imagem pública".

Ele também constatou que há um distanciamento entre o discurso público e o que acontece na realidade. Esse dado, apesar de óbvio, é importante para entender que a Igreja está disposta a fazer tudo para manter sua suposta imagem de entidade casta. Indaguei o estudioso quanto às incongruências entre esse discurso e a prática, ao que ele respondeu:

> Isso vem de uma questão que não é de hoje. Vem de alguns séculos. Se pegarmos processos do Santo Ofício, a maioria é pelo que caracterizavam como sodomia[98]. Muitos padres foram denunciados por sodomia. Celibato

---

[98] Para além da relação homossexual propriamente dita, "sodomia" era um termo guarda-chuva que designava a penetração anal e outros tipos de práticas sexuais tidas como desviantes.

> e castidade são dois aspectos muito questionados. A história mostra que não funciona, ao mesmo tempo que a Igreja foi regulando a sexualidade, colocando-a como perversidade, desvio. O padre é visto como superior porque teoricamente ele tem autocontrole, é viril, masculino. Moralmente superior aos outros. Afinal, ele é representante de Deus na Terra e não pode ser igual a todo mundo. Também é importante dizer que o feminino está relacionado a mulheres, e estas não têm cargos na hierarquia da Igreja. A Igreja é homofóbica e misógina. E, mais do que mostrar que padres transam (discurso também moralista), é mostrar a hipocrisia, as fraturas, aquilo que não funciona. Geralmente esses gays entram no seminário por paixão pela Igreja, não necessariamente para se esconder.

Como apontado antes, são múltiplos os motivos pelos quais um homem gay opta pelo sacerdócio católico, e não se trata de uma escolha historicamente recente.

Conversei com muitos padres, seminaristas e ex-seminaristas que não quiseram participar formalmente deste trabalho, mas que corroboraram a necessidade e a urgência da discussão. Alguns deles entraram em contato comigo após as primeiras notícias e entrevistas sobre a escrita deste livro e me ajudaram com indicações de leitura, narrando casos pessoais e até me endereçando pedidos de conselho. Adicionei padres no WhatsApp, conversei pessoalmente com outros, li inúmeras mensagens com pedido de sigilo absoluto em minhas redes. Uma legião de padres e seminaristas anônimos e ocultos, mas que reforçam as ideias que aqui defendi.

Entendo que o sacerdócio católico se trata de uma forma de vivenciar a sexualidade, ainda que não de maneira completa, com a proteção e a pompa, o prestígio e o apelo ao belo. Ele é, pois, a "profissão homossexual" por excelência deste século.

Vou além de Cozzens e Martel: a Igreja Católica Apostólica Romana Homossexual é uma fraude. Digo isso porque, ao mesmo tempo que contribuiu e contribui para destruir a ordem saudável da civilização, o faz por meio de agentes falsários. Aquele que vive ou não a sexualidade em todos os seus aspectos (atacando ou não seus iguais), e até aqueles que vivem os votos, é responsável por ação e omissão por todo o sofrimento de que a sociedade padece em matéria de sexualidade. A maior e quase tão somente culpada pela verdadeira degradação humana, aquela que

A vida secreta dos padres gays

leva milhões a viverem mentiras e até ao absurdo dos que ainda matam em nome de Deus. Deus estaria contente com você, padre gay? Estaria contente com a sua omissão? Com a sua fuga? Não foi o seu Deus que morreu numa cruz? Por que você continua a crucificar a história, as pessoas, a sua comunidade e a si mesmo?

Durante a escrita deste livro, fiz um teste que convém chamar de "experimento social". Mantenho uma conta adicional no Instagram, com fotos reais e biografia também fidedigna. Decidi seguir inúmeros sacerdotes católicos apostólicos romanos deliberadamente, e alguns de outras denominações. Muitos me seguiram de volta e cerca de duas dezenas me enviaram mensagens no privado. Desses últimos, a maioria levou o assunto para o lado sexual, elogiando minha aparência e chegando a me pedir fotos de nudez. Todos os que agiram assim eram católicos romanos. Alguns colegas e conhecidos que são garotos de programa e outros com outras profissões me dizem constantemente que padres enviam mensagens em suas redes sociais com elogios eróticos. Surpreende-me a ousadia, a coragem ou irresponsabilidade (do ponto de vista institucional, claro) de correr o risco de alto grau de exposição e a vida dupla em si mesma. Entristece-me o fato de que um desses sacerdotes que me enviaram solicitação de nudez é um senhor que aparenta ter mais de sessenta anos. Imagine que trágico deve ser passar a vida inteira fingindo heterossexualidade ou castidade. Ele tem milhares de seguidores no Instagram, que compram a imagem do maduro e santo sacerdote. Imagem falsa. Nada ali parece verdadeiro, pois a estrutura em si mesma é falsificada.

Há, como vimos aqui, quem defenda que padres podem ser gays, desde que assumidos e celibatários, pois essa regra (o celibato) serve para qualquer orientação (variação) sexual. O problema é que a religião cristã, começando pelo catolicismo, fez o grande desfavor de demonizar, e com isso desonrar, a homossexualidade em si mesma ao longo dos séculos. Ou seja, mesmo que padres gays fossem celibatários, em grande parte, somente o fato de o padre ser gay declarado poderia causar escândalos e, principalmente, vergonha. Para um padre assumir-se gay, mesmo vivendo seus votos, seria necessário muita coragem e ousadia, seria preciso o famoso *Pride* (o orgulho, aqui entendido como o contrário de vergonha, essa última um lugar social em que a heterossexualidade compulsória, alimentada pelo cristianismo e por outras religiões, jogou os gays. Orgulho como um conceito, uma afirmação que nega o lugar do demérito), e são raríssimos os casos assim documentados. Poderia existir, sim, um movimento organizado por padres e bispos[99] gays bem-intencionados e conscientes, que publicassem um manifesto de liberação gay ao redor de todo o mundo e se assumissem em massa em data marcada. O fato de centenas ou até milhares de padres, religiosos professos e bispos gays se assumirem de maneira orquestrada deixaria a Igreja (em todos os significados que essa palavra pode implicar: hierarquia, comunidade de fiéis etc.) numa saia justa. Todos seriam demitidos ou afastados? Perderiam o ministério, seriam suspensos ou excomungados? O que aconteceria? Bom, as possibilidades são múltiplas, mas uma coisa é certa: a mídia repercutiria exaustivamente, e isso causaria alguma mudança. Talvez outros padres gays também se sentissem impulsionados e aderissem ao movimento por uma Igreja mais íntegra e verdadeira. O problema é que as pessoas e a instituição gostam do obscurantismo e da falsidade, assim, as chances de isso acontecer são quase nulas. Ora, se boa parte do corpo da instituição decide mostrar a verdadeira face, em que muito se diz "todo mundo sabe", mas ninguém fala, o discurso homofóbico perde força e gays param de perseguir gays. A sexualidade deixa de ser um fator de manipulação (NUZZI, 2012, p. 44, 45; 51, 52). No microcosmo, como analisado nos depoimentos, na literatura e na minha própria vivência, grande parte das disputas na Igreja são brigas entre gays e alguns poucos héteros homofóbicos, já que estes últimos são minoria.

---

[99] Preferencialmente, somente ministros ordenados, num primeiro momento, por questão de segurança, já que os seminaristas são leigos e não têm nenhum poder — caso estivessem à frente de movimentos revolucionários como o sugerido, seriam muito mais facilmente punidos e cerceados.

2

Eu sou o caminho

Isso é verdade, Senhor, mas também os cachorrinhos
comem das migalhas que caem da mesa dos seus donos!
(Mt 15, 27)

A vivência no seminário acabou por guiar muitas das minhas escolhas durante a vida. Desde a opção por cursos de licenciatura até o gosto pelos estudos, pela arte sacra e por conhecer outras religiões. A verdade é que quem passa pela formação seminarística durante muitos anos dificilmente irá se desvencilhar totalmente da religião. Mesmo ateu, hoje, ainda me considero culturalmente católico, dada a minha formação desde criança. A Igreja representa um duplo sentido para mim. Longe de negar sua influência positiva em minha vida, as experiências negativas me indicaram novos trajetos a percorrer. Na questão da sexualidade, foi um desastre, mas ao mesmo tempo me fez ir em busca de meu próprio eu. Sou grato à religião por me forçar a entender parte de minha própria identidade. Aquele mundo de vidas não vividas, o teatro das aparências dos panos e dos altares me forçaram a conhecer a beleza de minha natureza. Caso contrário, continuaria a insistir em fugir dela. Que horror deve ser passar a vida como em um infeliz baile de máscaras, a desempenhar um papel ininterruptamente! Infelizmente, não são todos os que conseguem passar por esse mundo sem dissimular.

A religião cristã descaracteriza o homem, o desumaniza, o demoniza, o faz viver de aparências. Tornar-se humano é ir no sentido inverso do que brada a religião. Tornar-se integrado com a identidade sexual faz parte do que se entende por sadiamente humano. A Igreja, ao negar essa característica salutar para a existência digna, torna as pessoas doentes. O ódio que muitos criam de si mesmos é doença e precisa de cura, a única possível. A homossexualidade, vista como pecado e como desvio ou até mesmo como crime ou doença pelo catolicismo ao longo dos séculos, continua a ser perseguida publicamente. Ao mesmo tempo que cria essa atmosfera de medo e ódio, a Igreja Católica se oferece como refúgio, em nome de uma castidade antinatural. Religião nenhuma muda a essência do ser humano. A história prova que a natureza resiste à perseguição, à guerra e, bravamente, à religião. Não são preceitos criados para dominar que vencerão o desejo que pulsa na mais pura e íntima realidade. É bizarro, e ao mesmo tempo não, pensar que milhares de homossexuais encontrem nesses meios de mais absoluta violência um modo de tentar fugir de si mesmos. Se a Igreja, que se pretende a *portadora da verdade*, afirma que ser gay é pecado, nela estaria a salvação contra esse mal. Ela se porta como acusadora e ao mesmo tempo como a grande solução. Por esse lado, acaba por ser compreensível certo masoquismo. Ora, o único caminho que levaria essas pessoas a não depender de instituições castradoras seria a autoaceitação.

Tornar-se quem se é concretiza-se como a única maneira possível de homossexuais não mais buscarem ambientes homofóbicos como refúgio. O sacerdócio católico, pelos vários motivos apontados neste livro, como, por exemplo, a segurança do celibato, é um grande abrigo para homens gays. Essa profissão majoritariamente ocupada por homossexuais é um modo que a Igreja preparou para que esses milhares de homens violentados por ela e por outras instituições doassem suas vidas pela manutenção desse mesmo sistema doentio. É contraproducente gays tornarem-se padres. Eles precisam apenas ser eles mesmos, sem a necessidade de aceitação de instituições homofóbicas. Muito mais horrível é o fato de alguns trabalharem para violentar seus iguais. As estruturas de muitos seminários, conventos e casas de formação viraram campos de concentração para homossexuais. Esses ambientes de extrema violência, sob o manto romantizado do divino,

A vida secreta dos padres gays

põem milhares de crianças, jovens, adultos e idosos como escravos dessas estruturas de manutenção do ódio. Seminários e casas religiosas viraram depósitos de seres humanos desviantes da norma. É um modo de "cura gay", de fazer com que esses corpos marginalizados sejam glorificados pela aparência que o sacerdócio e a vida religiosa concedem, mas violentados em sua essência.

Agora faça uma pergunta sincera a si mesmo: qual homem hétero (lembrando que a heterossexualidade é uma variação sexual aceita socialmente e com prestígio, normalizada como a única possível e digna de receber o sacramento do matrimônio dentro da Igreja Católica) recusará a oportunidade de se casar e constituir família, ou seja, vivenciar livremente sua sexualidade, para viver trancafiado até o final da vida com outros homens? Qual homem hétero passará a vida usando vestes longas com rendas, cercado por flores e encantado pelas artes sacras?[100] E qual hétero se sentirá incluído num ambiente de cultura gay pulsante? Poucos, pouquíssimos. Ao contrário, para homens gays, essas condições estruturais podem ser o cenário perfeito para estar entre iguais, mesmo sem perceber que estão violentando sua própria existência. Aliás, com a informação disponível atualmente, é possível que muitos estejam atentos a tudo que suas condições de vida falsificadas implicam, mas pode parecer mais viável manter-se nesse trajeto. Conforme o tempo passa, mais difícil se torna sair da instituição, pois cada vez mais o religioso se torna dependente dela.

A vida dupla, os abusos, o sofrimento desnecessário e a homofobia continuarão a perpassar a vida de muitos homossexuais católicos. Muitos dos entrevistados trouxeram pontos de intersecção com a minha própria vivência. Insisto que vários dos exemplos que apresentei não são casos isolados, mas a regra. Primeiramente, o sacerdócio católico não deveria ser alternativa para ninguém, já que a quase total obrigação do celibato (com exceção de casos de alguns padres de igrejas orientais[101] e outros oriundos do anglicanismo[102]) faz com que qualquer ser humano, gay, bi ou hétero, violente uma parte importante de si mesmo. Para gays, o catolicismo não deveria sequer ser alternativa de vida laica, já que essa

---

100 "O clero católico é composto por machos que se cercam de coisas de fêmeas e, ao mesmo tempo, odeiam profundamente os homossexuais, a seu ver pessoas afeminadas, odiando portanto a si mesmos" (CHARAMSA, 2016, p. 96).

101 Em igrejas católicas de ritos orientais (todas em comunhão plena com Roma), coexistem padres celibatários e padres casados, sendo os bispos escolhidos entre os que se mantêm solteiros.

102 Em 2009, o papa Bento XVI acolheu, na Igreja, padres anglicanos casados.

Igreja os tratou das piores maneiras possíveis ao longo da história. É de uma estupidez fora do normal buscar as migalhas que caem da mesa da Igreja somente para se sentir especial ou acolhido. Ninguém precisa de religião para sobreviver. Mais absurdo ainda é entregar a própria vida em prol de todas essas violências.

Os gays deveriam empregar seus preciosos dons a favor da construção de uma comunidade melhor para seus iguais, seus futuros filhos e, consequentemente, para o mundo em geral. Chega de homens cheios de habilidades incríveis se doando a uma causa supostamente divina para que, no final, sejam acusados de "desordenados", tratados todos como abusadores, pecadores, tendenciosos, doentes, imorais e toda sorte de estupidez fundamentada na religião. O caminho, o único possível, insisto, é sentar-se à mesa do banquete e dispensar as migalhas que caem dela. Esse banquete exige que se sente à frente de si mesmo, para o verdadeiro e único *Encontro*, aquele a que viemos, a que estamos, a que esperamos, a que somos. O caminho está dentro de cada um, ele é real e possível. Esse sistema em que homossexuais estão se destruindo está apodrecido. A vida dos padres gays não precisa mais ser secreta, pois simplesmente não precisa mais existir.

Referências bibliográficas

Livros, dissertações, teses e filmes

AARDWEG, Gerard J. M. van den. **A batalha pela "normalidade" sexual e homossexualidade**. Aparecida, SP: Editora Santuário, 2000.

ABBATE, Carmelo. **Sex and the Vatican**: Viaggio segreto nel regno dei casti. Milano: Piemme, 2011.

ALISON, James. **Fé além do ressentimento**: fragmentos católicos em voz gay. São Paulo: É Realizações, 2010.

ALTHAUS-REID, Marcella. **Deus Queer**. Rio de Janeiro: Metanoia, 2019.

AMBROSE, Tom. **Heróis e exílios: ícones gays através dos tempos**. Belo Horizonte: Gutenberg, 2011.

AULAGNIER, Paul. **A herança doutrinária de D. Marcel Lefebvre**. São Paulo: Montfort Editora, 2017.

BARROS, Neimar de. **A verdade de Neimar de Barros**: a Igreja e a maçonaria P-2 no Brasil. São Paulo: Exodus, v. 2.

BENELLI, Sílvio José. **Pescadores de homens**: estudo psicossocial de um seminário católico. São Paulo: Editora Unesp, 2006.

BENTO XVI. **O que é o cristianismo**: quase um testamento espiritual. São Paulo: Molokai, 2023.

BÍBLIA – **Bíblia de Jerusalém**. São Paulo: Paulus, 2012.

CARTA APOSTÓLICA em forma de "Motu próprio" Vos estis lux mundi do papa Francisco. Trad. do italiano, Documentos Pontifícios 39. Brasília: Edições CNBB, 2023.

CATECISMO da Igreja Católica. São Paulo: Loyola, 2000.

CHARAMSA, Krzysztof. **A primeira pedra: eu, padre gay,** e a minha revolta contra a hipocrisia da Igreja Católica. São Paulo: Seoman, 2017.

CHAUÍ, Marilena. Convite à filosofia. São Paulo: Ática, 1994.

COZZENS, Donald B. **A face mutante do sacerdócio**: reflexão sobre a crise de alma do sacerdote. São Paulo: Loyola, 2001.

_____. **Silêncio sagrado**: negação e crise na Igreja. São Paulo: Loyola, 2004.

_____. **Liberar o celibato**. São Paulo: Loyola, 2008.

DA LUZ, Marcelo. **Onde a religião termina?** Foz do Iguaçu: Editares, 2011.

DAMIÃO, Pedro. **O livro de Gomorra e a luta de São Pedro Damião contra a corrupção eclesiástica**. 1ª ed. Campinas: Ecclesiae, 2019.

DA VEIGA, Alfredo César; ZACHARIAS, Ronaldo. **Igreja e escândalos sexuais**: por uma nova cultura formativa. São Paulo: Paulus, 2019.

DE OLIVEIRA, José Lisboa Moreira. **Acompanhamento de vocações homossexuais.** São Paulo: Paulus, 2006.

FEUERBACH, Ludwig. **A essência do cristianismo**. Campinas: Papirus, 1988.

FOUCAULT, Michel. **História da Sexualidade 1**: a vontade de saber. Rio de Janeiro: Graal, 1988.

FRATERNIDADE das novas comunidades do Brasil. **Novas comunidades**: Primavera da Igreja. São Paulo: Canção Nova, 2008.

FUNARI, Pedro Paulo A. Grécia e Roma. 4ª ed. São Paulo: Contexto, 2006.

GIANLUIGI, Nuzzi. **Sua Santidade**: as cartas secretas de Bento XVI. Rio de Janeiro: Leya, 2012.

GUSMÃO, Fábio; BRAGA, Giampaolo Morgado. **Pedofilia na Igreja**: um dossiê inédito sobre casos de abusos envolvendo padres católicos no Brasil. 1ª ed. Rio de Janeiro: Máquina de Livros, 2023.

HARDIN, Kimeron N. **Autoestima para homossexuais**: um guia para o amor-próprio. São Paulo: Edições GLS, 2000.

HELMINIAK, Daniel A. **O que a Bíblia realmente diz sobre a homossexualidade**. São Paulo: Edições GLS, 1998.

I MILLENARI. **Via col vento in Vaticano**. Milano: Kaos Edizioni, 1999.

ISAY, Richard A. **Tornar-se gay**: o caminho da autoaceitação. São Paulo: Edições GLS, 1996.

JESUS, Leomar Nascimento de. **As outras cores do catolicismo**: estudo sobre os Grupos Católicos LGBTI+. 2024. Tese (Doutorado em Ciência da Religião) — Programa de Pós-graduação em Ciência da Religião da Pontifícia Universidade Católica de São Paulo, São Paulo, 2024.

JOÃO PAULO II . Exortação Apostólica Vita Consecrata. 4ª ed. São Paulo: Paulinas, 2004.

LEWIS, Brenda Ralph. **A história secreta dos papas**: vicio, assassinato e corrupção no Vaticano. São Paulo: Editora Europa, 2010.

LIMA, Edvaldo Pereira. **O que é livro-reportagem**. São Paulo: Brasiliense, 1993.

LIMA, Luís Corrêa. Teologia e os LGBT+: perspectiva histórica e desafios contemporâneos. 2ª ed. Petrópolis: Vozes, 2022.

LIMA, Luís Corrêa. Candidatos com orientação homossexual ao sacerdócio e à vida religiosa consagrada. **Revista Convergência**, ano. LII, p. 1-9, dez. 2017.

MAIO, Eliane Rose; ROSSI, Jean Pablo Guimarães; LEITE, Lucimar da Luz (orgs.). **Gênero, sexualidade e religião:** diálogos em espaços plurais. São Paulo: Pimenta Cultural, 2022.

MAIO, E. R.; ROSSI, J. P. G. (2024). "Gelo no pênis, exorcismo e medo": gênero, sexualidade e religião em relatos de seminaristas e padres homossexuais. *Mandrágora*, *27*(1), 119–151. https://doi.org/10.15603/ma271119-151.

MARSHALL, Taylor R. **Infiltrados**: a trama para destruir a Igreja a partir de dentro. Campinas, SP: Ecclesiae, 2020.

MARTEL, Frédéric. **No armário do Vaticano**: poder, hipocrisia e homossexualidade. São Paulo: Objetiva, 2019.

MARTIN, James. **Construindo uma ponte**: como a Igreja Católica e a comunidade LGBT podem estabelecer uma relação de respeito, compaixão e sensibilidade. Portugal: Paulinas, 2022.

MARTÍNEZ, José Luis. **Sexualidade e crescimento na vida sacerdotal e religiosa**. São Paulo: Paulus, 2000.

MEDINA, Cremilda de Araújo. **Entrevista**: o diálogo possível. 3ª ed. São Paulo: Ática, 1995.

MOSER, Antônio. **O enigma da esfinge**: a sexualidade. Petrópolis, RJ: Vozes, 2001.

MOTT, Luiz. **O sexo proibido**: virgens, gays e escravos nas garras da Inquisição. Campinas, SP: Papirus, 1988.

MOTT, Luiz; MURICY, Sérgio. **Tibira do Maranhão**: 1º mártir da homofobia no Brasil, 1613. Salvador: Editora Grupo Gay da Bahia, 2024.

NASINI, Gino. **Um espinho na carne**: má conduta e abuso sexual por parte de clérigos da Igreja Católica no Brasil. Aparecida, SP: Editora Santuário, 2001.

O PADRE. Direção: Antonia Bird. Produção: George Faber, Josephine Ward. Reino Unido da Grã-Bretanha e Irlanda do Norte: PolyGram Filmed Entertainment, 1994. DVD.

PADRE BETO. **Verdades proibidas**: ideias do padre que a Igreja não conseguiu calar. Bauru, SP: Alto Astral, 2013.

PAPÀSOGLI, Giorgio. **Vida de Dom Orione**. São Paulo: Loyola, 1991.

PEREIRA, José Carlos. **Operários da fé**. São Paulo: Matrix, 2023.

PEREIRA, William Cesar. **Sofrimento psíquico dos presbíteros**: dor institucional. 4ª ed. Petrópolis: Vozes, 2012.

_____. **A formação religiosa em questão**. Petrópolis, RJ: Vozes, 2004.

PINTO, Ênio Brito. **Os padres em psicoterapia**: esclarecendo singularidades. Aparecida, SP: Ideias & Letras, 2012.

RANKE-HEINEMANN, Uta. **Eunucos pelo reino de Deus**: Igreja Católica e sexualidade — de Jesus a Bento XVI. Rio de Janeiro: Rosa dos Tempos, 2019.

RENDINA, Claudio. **Os pecados do Vaticano**: soberba, avareza, luxúria, pedofilia: os escândalos e os segredos da Igreja Católica. Rio de Janeiro: Gryphus, 2012.

RODRÍGUEZ, Pepe. **A vida sexual do clero**. Lisboa: Publicações Dom Quixote, 1996.

ROSE, Michael S. **Adeus, homens de Deus**: como corromperam a Igreja Católica nos EUA. Campinas, SP: Ecclesiae, 2015.

ROSSI, Jean Pablo Guimarães. As pedagogias do armário no seminário católico: trajetórias de ex-seminaristas gays. 360f. Tese (Doutorado em Educação) — Programa de Pósgraduação em Educação da Universidade Estadual de Maringá. Orientadora: Dra. Eliane Rose Maio. Maringá, 2024.

ROUDINESCO, Elisabeth. **A parte obscura de nós mesmos**: uma história dos perversos. Rio de Janeiro: Zahar, 2008.

SANTIN, M. A. V. Sexualidade e reprodução. da natureza aos direitos: a incidência da Igreja Católica na tramitação do Projeto de Lei 20/91 — aborto legal e Projeto de Lei 1151/95 — União civil entre pessoas do mesmo sexo. 2005. Tese (Doutorado) — Centro de Filosofia e Ciências Humanas, Universidade Federal de Santa Catarina, Florianópolis, 2005. Disponível em: https://repositorio.ufsc.br/bitstream/handle/123456789/102330/224131. pdf?sequence=1&isAllowed=y. Acesso em: nov. 2023.

SANTOS, Elismar Alves dos. Representações sociais da sexualidade: a construção da sexualidade em seminaristas e padres. 253f. Doutorado em Psicologia (tese), Programa de Pós-graduação em Psicologia Social e Institucional, Porto Alegre, 2016.

SANTOS, Elismar Alves dos. **Dizeres e vivências**: representações sociais da sexualidade em seminaristas e padres. Goiânia: Scala, 2022.

SERBIN, Kenneth P. **Padres, celibato e conflito social**: uma história da Igreja Católica no Brasil. São Paulo: Companhia das Letras, 2008.

SILVA, Denilson Matias da. Homossexualidade e formação presbiteral: uma reflexão sobre o acompanhamento vocacional na formação inicial dos vocacionados homossexuais. 173p. Dissertação (Mestrado em Teologia), Faculdade Jesuíta de Filosofia e Teologia, Departamento de Teologia, Belo Horizonte, 2022.

SPOTLIGHT: segredos revelados — equipe investigativa do jornal The Boston Globe. Trad. Antonio Carlos Vilela. 1. ed. São Paulo: Vestígio, 2016.

TREVISAN, João Silvério. **Em nome do desejo**. São Paulo: Max Limonad, 1985.

URETA, José A.; LOREDO, Julio. **Uma brecha na barragem**: Fiducia Supplicans sucumbe à pressão do lobby homossexual. São Paulo: Petrus, 2024.

VAINFAS, Ronaldo. Trópico dos pecados: moral, sexualidade e Inquisição no Brasil. 1ª ed. Rio de Janeiro: Civilização Brasileira, 2010.

VALLE, Edênio. **Tendências homossexuais em seminaristas e religiosos**: visão psicoterapêutica e pedagógica. 2. ed. São Paulo: Loyola, 2014.

VALENTINI, Norberto; DI MEGLIO, Clara. **Sexo no confessionário**. Rio de Janeiro: Nórdica, 1974.

VEJA. São Paulo: abril, ano 22, ed. 1068, n. 8, 22 de fevereiro de 1989.

WOLF, James G. **Gay priests**. San Francisco: Harper & Row, 1989.

Fontes disponíveis na internet

Abusos na Igreja Católica: investigação revela milhares de pedófilos na França. **BBC News Brasil**, 2021. Disponível em: https://www.bbc.com/portuguese/geral-58790919. Acesso em: 21 abr. 2024.

Acordem agora. Padre Pinto em balada gay. YouTube, 2016. Disponível em: https://www.youtube.com/watch?v=GvfBws7veZQ. Acesso em: 18 maio 2024.

ALEIXO, Bianca. Após vazamento de vídeo íntimo, bispo renuncia em Rio Preto: em nota, o bispo e secretário geral da CNBB informou apenas que o papa Francisco aceitou a renúncia de Dom Tomé. **Observatório G**, 2021. Disponível em: https://observatoriog.com.br/noticias/comportamento/apos-vazamento-de-video-intimo-com-homem-bispo-renuncia-em-rio-preto. Acesso em: nov. 2023.

ALMEIDA, Jessica. Pai em dose dupla: o dia é deles — casais homoafetivos contam as dores e delícias da paternidade. **O Tempo,** 2015. Disponível em: https://www.otempo.com.br/pampulha/reportagem/pai-em-dose-dupla-1.1081479. Acesso em: 18 maio 2024.

As estatísticas da Igreja Católica em 2023: por ocasião do 97º Dia Mundial das Missões, que será celebrado no domingo, 22 de outubro, a Agência Fides apresenta algumas estatísticas para oferecer uma visão geral da Igreja no mundo. Vatican News, 2023. Disponível em: https://www.vaticannews.va/pt/vaticano/news/2023-10/estatisticas-da-igreja-catolica-em-2023.html. Acesso em: 18 maio 2024.

BASSETS, Marc. O paradoxo do Vaticano: uma maioria homossexual e homofóbica. **El País,** 2019. Disponível em: https://brasil.elpais.com/brasil/2019/02/17/internacional/1550408582_186108.html. Acesso em: 17 jul. 2024.

Bispo renuncia depois de sua diocese abrigar orgia gay. **Folha de S. Paulo,** 2023. Disponível em: https://www1.folha.uol.com.br/mundo/2023/10/bispo-polones-renuncia-depois-de-sua-diocese-ser-palco-de-orgia-gay.shtml. Acesso em: 9 jul. 2024.

Bomba de Roma: Dom João Braz de Aviz compara Pe. Roberto Lettieri a fundador de Legionários de Cristo. Fratres In Unum, 2011. Disponível em: https://fratresinunum.com/2011/07/05/bomba-de-roma-dom-joao-braz-de-aviz-compara-pe-roberto-letieri-a-fundador-de-legionarios-de-cristo/#:~:text=Quanto%20aos%20Legion%C3%A1rios%2C%20nunca%20me,n%C3%A3o%20poderiam%20continuar%20dessa%20forma.. Acesso em: 13 abr. 2024.

BORDIÚ, Almudena Martínez. Católicos aumentam no mundo, mas o número de vocações diminui. **Acidigital**, 2023. Disponível em: https://www.acidigital.com/noticia/56504/catolicos-aumentam-no-mundo-mas-o-numero-de-vocacoes-diminui. Acesso em: 12 nov. 2023.

BRANDALISE, Vitor Hugo. Gelo no pênis, exorcismo e medo: os padres gays silenciados pela Igreja no Brasil. **BBC News Brasil**, 2020. Disponível em: https://www.bbc.com/portuguese/brasil-51554441. Acesso em: 8 set. 2024.

Carmelita renuncia ao cargo de pároco em BH após vazamento de fotos íntimas. Acidigital, 2021. Disponível em: https://www.acidigital.com/noticia/50524/carmelita-renuncia-ao-cargo-de-paroco-em-bh-apos-vazamento-de-fotos-intimas. Acesso em: 25 ago. 2024.

Catecismo da Igreja Católica. A vida em Cristo: castidade e homossexualidade. A Santa Sé, 2023. Disponível em: https://www.vatican.va/archive/cathechism_po/index_new/p3s2cap2_2196-2557_po.html. Acesso em: 12 nov. 2023.

Comunidade de Aliança. comshalom. Disponível em: https://comshalom.org/comunidade-de-alianca/. Acesso em: 24 ago. 2024.

Congregação para a Doutrina da Fé. Notificação sobre a ação pastoral de irmã Jeannine Gramick, S.S.N.D. e o padre Robert Nugent, S.D.S, **Vatican.va**, 1999. Disponível em: https://www.vatican.va/roman_curia/congregations/cfaith/documents/rc_con_cfaith_doc_19990531_gramick-nugent-notification_po.html. Acesso em: nov. 2023.

Congregação para a Doutrina da Fé. Carta aos bispos da Igreja Católica sobre o atendimento pastoral das pessoas homossexuais. Roma, 1986. Disponível em: https://www.vatican.va/roman_curia/congregations/cfaith/documents/rc_con_cfaith_doc_19861001_homosexual-persons_po.html Acesso em: 11 set. 2024.

Congregação para a Educação Católica: instrução sobre os critérios de discernimento vocacional acerca das pessoas com tendências homossexuais e da sua admissão ao seminário e às ordens sacras. **Vatican.va,** 2005. Disponível em: https://www.vatican.va/roman_curia/congregations/ccatheduc/documents/rc_con_ccatheduc_doc_20051104_istruzione_po.html. Acesso em: 13 nov. 2023.

Congregação para o Clero. O dom da vocação presbiteral: Ratio Fundamentalis Institutionis Sacerdotalis. Roma, 2016. Disponível em: https://www.clerus.va/content/dam/clerus/documenti/ratio-2026/Ratio-PT-5-12-2016.pdf. Acesso em: 11 set. 2024.

Congregação para os Institutos de Vida Consagrada e as Sociedades de Vida Apostólica. Orientações sobre a formação nos Institutos Religiosos. Roma, 1990. Disponível em: https://www.veritatis.com.br/orientacoes-sobre-aformacao-nos-institutos-religiosos-02-02-1990/. Acesso em: 11 set. 2022.

CRUZ, Luana; ALVES, Alessandra. Padre de Conselheiro Pena engravida mulher casada e é afastado pela Diocese. **Estado de Minas,** 2014. Disponível em: https://www.em.com.

br/app/noticia/gerais/2014/11/07/interna_gerais,587795/padre-de-conselheiro-pena-engravida-mulher-casada-e-e-afastado-pela-diocese.shtml. Acesso em: 24 ago. 2024.

FEDELI, Orlando. "Gloria in excelsis Deo" — criação do Instituto do Bom Pastor. **montfort,** 2006. Disponível em: https://www.montfort.org.br/bra/veritas/igreja/criacao_ibp/. Acesso em: 19 nov. 2023.

FERRAZ, Lucas. Fake news e escândalos: a mídia católica de direita ataca Francisco. **Agência Pública,** 2020. Disponível em: https://apublica.org/2020/01/fake-news-e-escandalos-a-midia-catolica-de-direita-ataca-francisco/. Acesso em: 21 jul. 2024.

FÓRUM BRASILEIRO DE SEGURANÇA PÚBLICA. 17º Anuário Brasileiro de Segurança Pública. São Paulo: Fórum Brasileiro de Segurança Pública, 2023. Disponível em: https://forumseguranca.org.br/wp-content/uploads/2023/07/anuario-2023.pdf. Acesso em: 21 abr. 2024.

FRANCISCO. Motu Proprio Vos Estis Lux Mundi. Disponível em: https://www.vatican.va/content/francesco/pt/motu_proprio/documents/papa-francesco-motu-proprio-20190507_vos-estis-lux-mundi.html. Acesso em 14 abr. 2024.

GABRIEL, Ruan de Sousa. Meu papel profético é botar o dedo na ferida. **O Globo,** 2020. Disponível em: https://oglobo.globo.com/cultura/meu-papel-profetico-botar-dedo-na-ferida-diz-joao-silverio-trevisan-24170764. Acesso em: 18 maio 2024.

GOUVEIA, Aline. Papa Francisco repete termo ofensivo contra LGBTs: "Ar de bichice". **Correio Braziliense,** 2024. Disponível em: https://www.correiobraziliense.com.br/mundo/2024/06/6875970-papa-francisco-repete-termo-ofensivo-contra-lgbts-ar-de-bichice.html. Acesso em: 24 ago. 2024.

Há 15 anos, Padre Pinto abalava a Festa de Reis da Lapinha com homenagem a Oxum. **Metro1,** 2021. Disponível em: https://www.metro1.com.br/ta-no-youtube/32,ha-15-anos-padre-pinto-abalava-a-festa-de-reis-da-lapinha-com-homenagem-a-oxum. Acesso em: 19 nov. 2023.

Homem separa de padre após orgias e pede pensão na Justiça. **Metrópoles,** 2024. Disponível em: https://www.metropoles.com/brasil/estudante-separa-de-padre-apos-orgias-e-pede-pensao-na-justica. Acesso em: 24 ago. 2024.

Igreja Católica afasta padre do DF filmado ao fazer sexo com outro homem. **R7 Brasília,** 2023. Disponível em: https://noticias.r7.com/brasilia/igreja-catolica-afasta-padre-do-df-filmado-ao-fazer-sexo-com-outro-homem-25042023/. Acesso em: 17 jul. 2024.

A vida secreta dos padres gays

LEMOS, Iara. As orgias do padre Bartolomeu. **IstoÉ**, 2021. Disponível em: https://istoe.com.br/as-orgias-do-padre-bartolomeu/. Acesso em: 9 jul. 2024.

LIMA, Luís Corrêa. 50 Anos com os LGBTQ: Irmã Jeannine Gramick. IHU. 2022. Disponível em: https://www.ihu.unisinos.br/categorias/615649-50-anos-com-os-lgbtq-irma-jeannine-gramick. Acesso em: nov. 2022.

LUCIANO, Antoniele. 'Cura gay': Entenda por que terapias de conversão sexual são um equívoco. **Ecoa UOL,** 2022. Disponível em: https://www.uol.com.br/ecoa/ultimas-noticias/2022/02/19/cura-gay-entenda-por-que-terapias-de-conversao-sexual-sao-um-equivoco.htm. Acesso em: 26 maio 2024.

'Não é um armário, é uma gaiola', diz padre católico gay sobre a igreja nos EUA. **Folha de S. Paulo,** 2019. Disponível em: https://www1.folha.uol.com.br/mundo/2019/02/nao-e-um-armario-e-uma-gaiola-diz-padre-catolico-gay-sobre-a-igreja-nos-eua.shtml#:~:text=Sua%20hist%C3%B3ria%20viralizou.,que%20a%20sexualidade%20de%20Greiten. Acesso em: 12 maio 2024.

Novos tempos: José Mantero afirma que ser homossexual não é incompatível com a vida católica. **Folha de S. Paulo,** 2002. Disponível em: https://www1.folha.uol.com.br/fsp/mundo/ft0202200209.htm#:~:text=%22Dou%20gra%C3%A7as%20a%20Deus%20por,n%C3%A3o%20vive%20em%20abstin%C3%AAncia%20sexual.. Acesso em: 18 maio 2024.

O JULGAMENTO. **Folha de S. Paulo,** 1995. Disponível em: https://www1.folha.uol.com.br/fsp/1995/5/21/mais!/35.html. Acesso em: 19 maio 2024.

Os bastidores da renúncia de bispo brasileiro após escândalo de assédio sexual. **O Liberal,** 2023. Disponível em: https://www.oliberal.com/brasil/os-bastidores-da-renuncia-de-bispo-brasileiro-apos-escandalo-de-assedio-sexual-1.744341. Acesso em: 31 maio 2024.

Padre anuncia durante missa que engravidou mulher com quem vive. **Folha de S. Paulo,** 1995. Disponível em: https://www1.folha.uol.com.br/fsp/1995/10/17/cotidiano/8.html. Acesso em: 24 ago. 2024.

Padre gay dispensado ganha recurso contra a própria diocese. **Instituto Humanitas Unisinos,** 2020. Disponível em: https://www.ihu.unisinos.br/595438. Acesso em: 12 maio 2024.

Padre é preso por desviar dinheiro da igreja para orgias gays e drogas. **R7,** 2021. Disponível em: https://noticias.r7.com/internacional/padre-e-preso-por-desviar-dinheiro-da-igreja-para-orgias-gays-e-drogas-25092021/. Acesso em: 9 jul. 2024.

Padre José de Souza Pinto será sepultado na tarde de hoje (5). Arquidiocese de São Salvador da Bahia, 2019. Disponível em: https://arquidiocesesalvador.org.br/padre-jose-de-souza-pinto-sera-sepultado-na-tarde-de-hoje-5/. Acesso em: 19 nov. 2023.

Padre pede dispensa da Igreja Católica ao saber que vai ser pai em Franca, SP. **G1,** 2023. Disponível em: https://g1.globo.com/sp/ribeirao-preto-franca/noticia/2023/10/05/padre-pede-dispensa-da-igreja-catolica-ao-saber-que-vai-ser-pai-em-franca-sp.ghtml. Acesso em: 24 ago. 2024.

Papa diz em reunião fechada que 'já existe bichice demais' em seminários, afirma imprensa italiana. **G1,** 2024. Disponível em: https://g1.globo.com/mundo/noticia/2024/05/27/papa-disse-em-reuniao-fechada-que-ja-existe-bichice-demais-em-seminarios-afirma-imprensa-italiana.ghtml. Acesso em: 24 ago. 2024.

PEREIRA, Daniel. Capa Magna na Missa Nova? "Yes, we can", mostra o Cardeal Burke. **Salvem a Liturgia!,** 2012. Disponível em: https://www.salvemaliturgia.com/2012/07/capa-magna-na-missa-nova-yes-we-can.html. Acesso em: 12 maio 2024.

Quem é Luiz Mott. **LUIZ MOTT.** Disponível em: https://luizmottblog.wordpress.com/sobre/#:~:text=Quem%20%C3%A9%20Luiz%20Mott&text=Estudou%20no%20semin%C3%A1rio%20dos%20dominicanos,Universidade%20Federal%20da%20Bahia%2DUFBA.. Acesso em: 18 maio 2024.

REIS, Gabriel. Jovem que queria ser padre deixa a vida religiosa para viver romance que começou no seminário. **G1,** 2024. Disponível em: https://g1.globo.com/mg/triangulo-mineiro/noticia/2024/03/17/jovem-que-queria-ser-padre-deixa-a-vida-religiosa-para-viver-romance-que-comecou-no-seminario.ghtml. Acesso em: 25 ago. 2024.

Revista revela 'noites selvagens dos padres gays' em Roma e Vaticano reage. **EXTRA,** 2010. Disponível em: https://extra.globo.com/noticias/mundo/revista-revela-noites-selvagens-dos-padres-gays-em-roma-vaticano-reage-159751.html. Acesso em: 9 jul. 2024.

RIBEIRO, Felipe; OLIVEIRA, Luiz Henrique de. Casal gay de Curitiba batiza três filhos na Catedral; padre diz que não se pode negar o sacramento a ninguém. **Banda B,** 2017. Disponível em: https://www.bandab.com.br/geral/casal-gay-de-curitiba-batiza-tres-filhos-na-catedral-padre-diz-que-nao-se-pode-negar-o-sacramento-a-ninguem/. Acesso em: 18 maio 2024.

TEIXEIRA, Rodrigo. Padre larga a batina para viver romance gay: religioso ficou com pianista de suas lives. **Meia Hora,** 2020. Disponível em: https://www.meiahora.com.br/celebridades-e-tv/que-isso-gordinho/2020/06/5933958-padre-larga-a-batina-para-viver-romance-gay.html. Acesso em: 19 nov. 2023.

Vaticano afasta padre que declarou ser gay. **DW,** 2015. Disponível em: https://www.dw.com/pt-br/vaticano-afasta-padre-que-declarou-ser-gay/a-18759665. Acesso em: 12 maio 2024.

Vaticano mantém excomunhão de padre que defende união gay. **Veja São Paulo,** 2014. Disponível em: https://vejasp.abril.com.br/cidades/vaticano-excomunga-padre-casamento-gay/. Acesso em: 19 nov. 2023.

ZYLBERKAN, Mariana. Evangélicos devem ultrapassar os católicos no Brasil a partir de 2032. **Veja,** 2020. Disponível em: https://veja.abril.com.br/brasil/evangelicos-devem-ultrapassar-catolicos-no-brasil-a-partir-de-2032. Acesso em: 24 ago. 2024.